U0454812

高校英语课堂教学

模式创新研究

龚丽萍　著

四川科学技术出版社

图书在版编目（CIP）数据

高校英语课堂教学模式创新研究 / 龚丽萍著.—成
都：四川科学技术出版社，2023.4
ISBN 978-7-5727-0958-6

Ⅰ.①高…　Ⅱ.①龚…　Ⅲ.①英语－课堂教学－教学
研究－高等学校　Ⅳ.①H319.3

中国国家版本馆CIP数据核字（2023）第066262号

高校英语课堂教学模式创新研究

GAOXIAO YINGYU KETANG JIAOXUE MOSHI CHUANGXIN YANJIU

著　　者　龚丽萍

出 品 人　程佳月
责任编辑　夏菲菲
封面设计　摘星图书
责任出版　欧晓春
出版发行　四川科学技术出版社
　　　　　成都市锦江区三色路238号　邮政编码 610023
　　　　　官方微博：http://weibo.com/sckjcbs
　　　　　官方微信公众号：sckjcbs
　　　　　传真：028-86361756
成品尺寸　170 mm × 240 mm
印　　张　14.25
字　　数　285千
印　　刷　长沙市精宏印务有限公司
版　　次　2023年6月第1版
印　　次　2023年6月第1次印刷
定　　价　68.00元

ISBN　978-7-5727-0958-6

邮购：成都市锦江区三色路238号新华之星A座25层　邮政编码：610023
电话：028-86361770

高校作为英语人才重要培养基地，教师质量以及水平会直接影响到学生的学习成效。基于网络、信息技术的不断发展，高校有必要创新教学模式，优化课程内容，从而有效提升高校英语教学整体水平，为学生提供更加完善的教育环境。

高校英语教学模式课程以建构主义理论、人本主义学习理论和后现代主义教学观为理论指导，以学生为中心的教学法、任务型教学法、内容型教学法及整体化教学法为主要教学模式，以培养学生听、说、读、写、译英语综合应用能力和研究能力为主要目标；强调以学生为学习主体，在教师引导下，借助计算机网络技术，以小组合作的学习形式进行个性化、自主式的研究；在实践中锻炼和提高学生的英语综合运用能力、自主学习能力、研究能力以及综合文化素养。高校英语研究型课程的建设和发展是对传统大学英语课程的必要补充和拓展，其"研究型"的理念融进了整个课程体系各课程建设的始终。

高校英语课堂教学是学生英语学习的主阵地，科学有效地处理好母语和英语的关系、创设好英语课堂情境、把握好课堂效果检测，能够有效克服英语课堂教学的低效能问题。要适应并跟上21世纪社会的发展，当代大学生要提高自主学习能力。课堂教学是英语教学的中心环节，建立科学的、合理的评价体系对提高英语教学质量具有重大的意义。本书从高校英语课堂教学的角度出发来研究，首先从改革探索的角度分析了高校英语教学的基础知识、教学方法与教学模式；其次探讨了新兴的教学模式，例如慕课教学模式、翻转课堂教学模式；最后阐述了信息化时代下与高校英语的整合、优化与重塑以及高校英语未来的发展等内容。本书条理清晰，逻辑严谨，充分体现了科学性、发展性、实用性、针对性等显著特点，希望其能够成为一本为相关研究提供参考和借鉴的专业学术著作，以供人们阅读。

著　者

C O N T E N T S >>> 目 录

第一章

高校英语教学概论

第一节　高校英语教学的理论

一、语言学理论

（一）语言功能理论

英国功能语言学派的思想始于弗斯，后来在卡特福德、韩礼德等人的研究中得到进一步发展。这里重点介绍韩礼德的语言功能理论。韩礼德认为，语言是在完成其功能中不断演变的，语言的社会功能会影响到语言本身的特性。具体来说，语言功能可以分为以下三种：

1.微观功能

韩礼德认为，微观功能是在儿童学习母语的初级阶段出现的，它包括以下七种功能：

（1）个人功能

个人功能指儿童可以运用语言来表达自己的感情、身份或观点看法。

（2）规章功能

规章功能指儿童可以通过语言来控制他人的行为。

（3）想象功能

想象功能指儿童可以运用语言来创造一个幻想的环境或世界。

（4）启发功能

启发功能指儿童可以通过语言来认识和探索周围的世界，学习和发现问题。

（5）工具功能

工具功能指儿童可以通过语言来获取物品，满足其对物质的需求。

（6）相互关系功能

相互关系功能指儿童可以通过语言与他人进行交往。

（7）信息功能

信息功能指18个月大的儿童可以通过语言向别人传递信息。信息功能是在儿童成长后期掌握的。

需要指出的是，在儿童语言中，一句话只有一种功能而不会出现多种功能，随着儿童语言逐渐向成人语言靠拢，功能范围逐渐缩减，这些微观功能就让位于宏观功能。

2.宏观功能

相对于微观功能，宏观功能更为复杂、丰富和抽象。它是儿童由原型语言向成人语言过渡阶段出现的语言功能。宏观功能包括以下两类：

（1）实用功能

实用功能源于儿童早期微观功能中的工具功能、相互关系功能和控制功能。它是指儿童将语言视为做事的工具或手段。

（2）理性功能

理性功能由儿童早期微观功能中的个人功能、启发功能等演变而来。它是指儿童将语言视为学习知识和观察事物的途径和方法。

宏观功能是早期儿童语言功能的过渡期，它和微观功能、纯理功能存在功能上的延续性，这反映了人类语言为数不多的几种功能，却可被运用于多种社会场合，同时也反映了人类在运用语言的过程中创造语言的必要性。

3.纯理功能

韩礼德的纯理功能在功能语言学派中影响巨大，纯理功能包括以下三种：

（1）人际功能

人际功能是指语言具有表明、建立和维持社会中人的关系的作用。通过此功能，讲话者能通过某一情境来表达自己的推断、态度，并对别人的态度、行为造成影响。

（2）篇章功能

篇章功能是指语言具有创造连贯的话语或文章的功能，这些话语和文章对语境来说是切题和恰当的。韩礼德认为，语篇是具有功能的语言。

（3）概念功能

概念功能是指人们通过语言将自己的内心世界和现实世界的经历进行表述的功能语言，是人们以概念的形式对其经验加以解码，并对主客观世界发生的人、事、物等因素进行表达和阐述。

韩礼德认为，几乎每个句子都能体现语言的人际功能、篇章功能和概念功能，且这三种功能经常同时存在。

在如何看待语言本质的问题上，韩礼德对语言功能的论述为研究者们提供了一个全新的视角，推进了语言学界对语言的理解。后来的交际法教学流派（又称"功能—意念教学流派"）就是以韩礼德的语言功能理论为基础建立起来的。

（二）克拉申的二语习得理论

20世纪70年代，克拉申针对第二语言之英语的习得提出并发展了二语习得理论。该理论是最具争议的二语学习理论之一，共包括下面五个部分：

1.习得—学习假设

克拉申认为，"学习"和"习得"不同，它们是培养英语能力的两种途径。"学习"是学习者通过课堂学习等方式有意识地掌握语言语法规则的过程，而"习得"是学习者在无意识的状态下形成并掌握语言能力的过程，是一种类似于小孩子学习母语的过程。

克拉申认为，语言学习只能监控和修正语言，却不能发展交际能力，英语应该通过习得来获取。另外，习得能够发展交际能力。

2.自然顺序假设

克拉申认为，一种语言的语法规则或结构是按一定的、可以预知的顺序习得的，这种情况也适用于第二语言（英语）的学习。

3.输入假设

在克拉申看来，理想的输入应具备以下四个特点：

首先，理想的输入具有足够的输入（i+1）。i+1是克拉申提出的著名公式。其中，i代表习得者现有的水平，+1表示语言材料应略高于习得者目前的语言水平。这意味着，只要习得者能理解输入的材料，且达到了一定的量，就意味着已经自动有了这种输入。

其次，理想的输入应具有可理解性。输入的语言必须可以理解，不可理解的输入对学习者不仅无用，而且还会损害学生学习的积极性。可理解性的语言输入是语言习得的必要条件。

再次，理想的输入应既有趣，又有关联。趣味性与关联性可以增强语言习得的效果。

最后，应按照非语法程序安排。在语言习得的过程中不必按语法程序安排教学活动，重要的是要有足够的可理解的输入。

按照克拉申的英语教学理论，英语教学时应尽量向学生提供可理解的语言输入，教师应使用一切手段来增加语言输入的可理解性。

4.监察假设

克拉申认为，有意识的学习（知识或规则）只能起到监察的作用。这种监察作用可以发生在写或说之前或之后。

需要指出的是，习得的监察作用必须具备以下三种条件才能发挥作用：有足够的时间，知道规则，注意语言形式。此外，这种监察作用在不同的语言交际活动（如口头表达与书面表达）中会导致不同的交际效果。

5.情感过滤假设

"情感"指学习者的动机、需求、信心、忧虑程度以及情感状态。这些情感因素会对语言的输入起到促进或阻碍的作用，因而又被视为可调节的过滤器。

根据情感过滤假设，英语学习者的积极情感态度有助于更多地输入目的语，而消极情感态度则会过滤掉很多的目的语。因此，教师还应避免施加压力给学生，要努力创造一个轻松愉快、自由自在的学习气氛。

（三）斯温的输出假设

斯温基于加拿大法语沉浸式教学结果的研究提出了输出假设。斯温认为，语言输入是实现语言习得的必要条件，但是除了这一必要条件还需要其他的条件，也就是说若使学习者的英语学习达到较高的水平，除了对其进行可理解的输入外，还需要考虑学习者可理解的输出。

学习者需要充分地理解并有效地运用既有的学习资源，将其准确、合理地输出。在这一过程中，学生的语言水平才得到较高程度的提升，也才能在不断输出的过程中意识到自己在语言表达方面所存在的问题。在英语教学实践中，教师应该尽可能地给学生提供充足的语言表达与运用的机会，不断地培养和提高学生语言表达的准确性和流利性。斯温认为，语言输出的作用主要体现在以下几个方面：

（1）检验自己所提出的假设是否正确，是否具有一定的可行性。

（2）使学习者侧重把握语言形式。

（3）让学习者能够有意识地进行自我反思。

斯温的输出假设对英语教学有一定的启示。当英语教师意识到语言输出活动对语言学习的重要性之后，就会对此设计一些交际性的口头或笔头的语言实践活动来进行教学，如让学生复述、小组讨论、组织辩论等。在编写教材的过程中也会侧重添加一些实际性的语言输出活动，如角色扮演、针对某一话题发表不同的意见和见解等。

（四）言语行为理论

言语行为理论作为语言语用研究中的一个重要理论最初是由英国哲学家约翰·奥斯汀在20世纪50年代提出的。

之后，美国的哲学语言学家塞尔（Searle）对言语行为进行了深入的探讨。因此，这里主要介绍二人的观点。

1.奥斯汀的言语行为理论

奥斯汀将话语分为表述句和施为句两大类别。此外，他还在此基础上提出了言语行为三分说。

（1）表述句与施为句

表述句是用来描写、报道或陈述某一客观存在的事态或事实的句子。表述句可以验证，并且具有真假值。

施为句是用来创造一个新的事态以改变世界状况的句子。施为句不可以验证，也不具有真假值。表述句与施为句的最大区别在于表述句以言指事、以言叙事，而施为句以言行事、以言施事。

（2）言语行为三分说

奥斯汀发现了表述句与施为句两分法的不足之处并修正了自己的观点，提出了更为成熟的言语行为三分说。他将言语行为分为以下三个层次：

第一，以言指事行为是指移动发音器官，发出话语，并按规则将它们排列成词、句子。它是通常意义上的行为。

第二，以言行事行为是通过说话来实施一种行为或做事。它是表明说话人意图的行为，可将以言行事行为简称为"语力"。奥斯汀将以言行事行为分为评价行为类、施权行为类、承诺行为类、论理行为类、表态行为类五个类别。

第三，以言成事行为就是以言取效行为，它是指说话带来的后果。需要说明的是，以言成事行为或以言取效行为只是用来指一句话导致的结果，不论结果如何都跟说话人的意图无关。

2.塞尔的言语行为理论

塞尔的主要贡献是改进了奥斯汀对以言行事行为的分类，并提出了间接言语行为理论。

（1）以言行事行为的分类

塞尔将以言行事行为分为以下五类：

①承诺类

它表示说话人对未来的行为做出不同程度的承诺。此类行为的动词包括threaten、pledge、vow、offer、undertake、guarantees refuse、promise、commit等。

②表达类

它表达说话人的某种心理状态。此类行为的动词包括congratulate、apologize、deplore、regret、welcome、condole、boast等。

③断言类

它表示说话人对某事做出真假判断或一定程度的表态。此类行为的动词包括deny、state、assert、affirm、remind、inform、notify、claim等。

④宣告类

它表示说话人所表达的命题内容与客观现实之间的一致。此类行为的动词包括nominate、name、announce、declare、appointsbless、christen、resign等。

⑤指令类

它表示说话人不同程度地指使或命令听话人去做某事。此类行为的动词包括request、demand、invite、order、urge、advise、propose、suggest等。

塞尔的重新分类具有很强的科学性，直到今天仍在使用。

（2）间接言语行为理论

所谓间接言语行为，就是通过实施另一行为而间接得以实施的言语行为。这种言语行为虽然表面上在进行"询问"，但实际上表达的是一种"请求"行为，即"请求"是通过"询问"间接实施的。

塞尔进一步将间接言语行为分为规约性间接言语行为和非规约性间接言语行为两个类别。规约性间接言语行为通常出于对听话人的礼貌，且根据话语的句法形式可立即推断出其语用用意。非规约性间接言语行为往往比较复杂，需要更多地依靠交际双方共知的语言信息与所处的语境来进行推断。

二、心理学理论

（一）行为主义心理学

行为主义学习理论最初来源于俄国生理学家巴甫洛夫（Ivan Pavlov）的"条件反射"概念。20世纪初，美国心理学家华生创立了行为主义学习理论。美国学者斯金纳对华生的行为主义进行了继承和发展。这里主要介绍此二人的观点理论。

1.华生经典行为主义理论

华生把有机体应付环境的一切活动称为"行为"，行为的基本成分是反应，反应分为习得的反应和非习得的反应。前者包括我们的一切复杂习惯和我们的一切条件反射，后者则指我们在条件反射和习惯方式形成之前的婴儿期所做的一切反应。他将引发有机体反应的外部和内部的变化称为"刺激"，刺激必然属于物理的或化学的变化。任何复杂的环境变化，最终总是通过物理变化或化学变化转化为刺激作用于人的身上。换句话说，刺激和反应都属于物理变化或化学变化，由此便形成刺激—反应（S—R）公式，通过刺激可以预测反应，通过反应可以推测刺激。

华生认为，学习就是以一种刺激替代另一种刺激建立条件反射的过程。在他看来，人类出生时只有几个反射和情绪反应，所有其他行为都是通过条件反射建立新的刺激—反应（S—R）连接而形成的。

华生主张心理学应该摒弃意识、意象等太多主观的东西，只研究所观察到的并能客观地加以测量的刺激和反应，无须理会其中间环节，华生称之为"黑箱作业"。他认为人类的行为都是后天习得的，环境决定了一个人的行为模式，无论是正常的行为还是病态的行为都是经过学习而获得的，也可以通过学习而更改、增加或消除。他认为查明了环境刺激与行为反应之间的规律性关系，就能根据刺激预知反应，或根据反应推断刺激，达到预测并控制动物和人的行为的目的。华生认为，行为就是有机体用以适应环境刺激的各种躯体反应的组合，有的表现在外表，有的隐藏在内部，在他眼里人和动物没什么差异，都遵循同样的规律。

2.斯金纳新行为主义理论

斯金纳认为，人们的言语以及言语中的各个部分都是在受到内部或外部的刺激的情况下产生的。具体来说，斯金纳提出了"操作性条件反射"的观点，这一观点强调语言学习的过程是一个不间断的操作过程，即发出动作然后得到一个结果或一个目的，这一动作就被称为"操作"。如果这一动作的结果是满意的，操作者就会重复"操作"，这时"操作"便得到"强化"，也称为"正向强化"。

斯金纳认为，在某一语言环境中，他人的声音、手势、表情和动作等都可以成为强化的手段。例如，教师可以通过表扬、肯定、满意的表示，使学生的某种言语行为得到强化。只有言语行为不断得到强化，学生才能逐渐养成语言习惯，学会使用与其语言社区相适应的语言形式。如果没有得到强化，语言习惯就不能形成，语言也就不能学习到。在学习时，只有反应"重复"出现，学习才能发生。因此，"重复"在学习中的作用是不容忽视的。

行为主义学习理论的形成主要基于以下六个观点：

（1）语言是一种习惯，是人类所有行为的基本部分，是在外界条件的作用下逐步形成的。

（2）在语言习得和语言学习过程中，外部影响是内在行为变化的主要因素。因此，语言行为和习惯是受外部刺激的影响而发生变化的，而不是受内在行为的影响。

（3）习得和学习语言的过程是按照操作制约的过程进行的，即发出动作—获得结果—得到强化。

（4）学习是刺激与反应的连接，其基本公式为S—R。也就是说，有怎样的刺激，就有怎样的反应。

（5）学习过程是一种渐进的尝试—错误的反复循环—最后成功的过程。学习进程的步子要小，认识事物要由部分到整体。

（6）强化是学习成功的关键。语言行为需要正向强化才能形成并得到巩固。正向强化主要指学习上的成就感及他人的赞许和鼓励，它是帮助学习者形成语言习惯重要的外部影响因素。

当然，行为主义学习理论有很多不足之处，如它完全否认人类学习的内在心理机制，忽视了人类的主观能动性，难免会走向机械主义和环境决定论，受到认知主义等学习流派的批评。例如，在语言学习的初级阶段，学生的不断观察、模仿和实践就是遵循了行为主义的学习理论。在英语教学的初级阶段，反复操练被看作是语言学习的一个重要且有效的手段，并得到了广泛的应用。

（二）人本主义心理学

人本主义的学习理论起源于20世纪五六十年代兴起的一种心理学思潮。人本主义心理学起初并不形成于对学习和学习过程的研究，而是从临床心理学家、社会工作者和心理咨询工作者等一些对人类行为的基本原理和基本假设持有相似观点的心理学家的应用研究中产生的。人本主义心理学的主要发起者是马斯洛，近年来影响较大的代表人物是罗杰斯。他们认为，教育能够为学习者提供一个心理环境，这个环境充满人情味，学习者在这个环境中得到辅导并将其固有潜能充分地发挥出来。下面对他们的观点进行具体介绍。

人本主义心理学的动机论是以马斯洛的"需求层次论"为基础的，马斯洛从人的自我实现需要出发，将人的需要从低级到高级分为五个等级：生理需求、安全需求、社交需求、尊重需求、自我实现需求。其中，自我实现需求指的是人类能把自身中潜在的东西变成现实的东西的基本倾向，是最高层次的需求。自我实现是对天赋、能力、潜力等的充分的开拓和利用。这样的人能够实现自己的愿望，对他们力所能及的事总是尽力去完成。马斯洛认为，人具有"自我实现"的动机，有"自我实现"需要的人总是致力于他们认为重要的学习和工作。

1.需求层次理论

以马斯洛的需求层次理论为基础，罗杰斯提出了"自我实现"的三个阶段。

（1）"映射"阶段

在这一阶段，人的自我发展是由外界要求的"映射"产生的。例如，学生说："我要努力学习，因为教师这样要求我们。"

（2）混乱阶段

当学生有一定的自我意识时，教师对学生的要求往往与学生自己的观点产生矛盾，结果造成学生无所适从，处于混乱阶段。

（3）自我实现阶段

当学生的自我意识占据主导地位并认识到了自己的价值和能力时，学生便能独立地、创造性地做出判断和决定，从而实现自己的愿望。

2.学习类型论

罗杰斯将学习分为两类，即无意义学习和有意义学习。

（1）无意义学习

无意义学习只涉及心智，它不涉及人的感情或个人意义，与完整的人无关。无意义学习类似于无意义音节的学习。学生要记住这些无意义音节是一项困难的任务，因为它们是枯燥乏味、无关紧要、很快就会忘记的东西。在罗杰斯看来，学生在课堂里学习的内容，有许多对学生来说都具有这种无意义的性质。几乎每个学生都会发现，他们的课程中有很大一部分内容对自己是无意义的。

（2）有意义学习

有意义学习不仅是一种增长知识的学习，而且是一种与每个人各部分经验都融合在一起的学习，是一种使个体的行为、态度、个性以及未来选择行动方针时发生重大变化的学习。罗杰斯认为，有意义学习能将逻辑与直觉、理智与情感、概念与经验、观念与意义等结合在一起。

罗杰斯认为，有意义学习包括如下四个要素：

其一，学习具有个人参与的性质，即整个人的认知和情感都投入到学习活动之中。

其二，学习是自我发起的，学生由于内在的愿望主动去探索、发现和了解事件的意义。

其三，学习是渗透性的，它会使学生的行为、态度乃至个性发生变化。

其四，学习是由学生自我评价的，学生自己评估自己的学习需求、学习目标是否完成等，因为只有学生最清楚某种学习是否满足自己的需要、是否有助于获取他想要知道的东西、是否明了自己原来不甚清楚的某些方面。

3.学习实质论

人本主义心理学指出学习的实质是形成与获得经验，学习的过程就是经验的形成与获得的过程。在人本主义心理学的基础上，人本主义学习理论则从以下四个方面来解释学习的实质。

（1）学习即形成

人本主义学习理论重视学习方法的学习和掌握，强调在学习过程中获得知识和经验。在实际学习过程中，很多有意义的知识或经验不是从现成的知识中学到的，而是在做的过程中获得的。学生通过参加学习活动，进行自我发现、自我评价和自我创造，从而获得有价值的、有意义的经验，获得如何进行学习的方法或经验。所以，最有用的学习是学会如何进行学习。

（2）学习即理解

个人的学习不是机械的刺激和反应之间的连接的总和，而是一个心理过程，是个人对知觉的解释。具有不同经验的两个人在感知同一事物时，往往会出现不一致的反应，这是因为两个人对知觉的解释不同，所以他们所认识的世界以及对这个世界的反应也不同，而并非所谓的连接的不同所致。因此，要了解一个学生的学习过程，关键是要了解学生对外界情境或刺激的解释，而不是只了解外界情境或外界刺激。

（3）学习即潜能的发挥

人本主义心理学家认为，人类具有学习的自然倾向或学习的内在潜能，人类的学习是一种自发的、有目的、有选择的学习过程。人本主义的学习观将学生看作是一个有目的、能够选择和塑造自己行为并从中得到满足的人。因此，教学的任务就是创设一种能够有效激发学生学习潜能的情境，以使学生的潜能得以充分发挥。罗杰斯强调教学要以学生为中心，教师的任务是帮助学生增强对自我和变化的环境的理解。此外，人本主义学习理论还强调学习过程应该是一个愉快的过程，在教学中不应将强迫、惩罚以及种种要求或约束作为促进学生学习的方法。

（4）学习是对学生有价值的学习

马斯洛和罗杰斯都强调，学习的内容应该是对学生有价值、有意义的知识或经验。罗杰斯认为，只有当学生真正地了解所学内容的用处时，学习才能成为最好的、最有效的学习。通常来说，学生感兴趣并认为是有用处、有价值的经验或技能比较容易学习和保持；那些学生认为是价值小且效用不大的经验或技能通常学习起来很困难，也容易遗忘。人本主义学习观提示教师要尊重学生的兴趣和爱好，尊重学生自我实现的需要，在课程内容的设置上给学生以充分的自由，允许学生根据自己的兴趣和爱好以及自我需要来选择有关的学习内容。

（三）认知心理学

认知学习理论是通过研究人的认知过程来探索学习规律的学习理论。认知学习理论倡导者认为，学习就是面对当前的问题情境，在内心经过积极的组织，从而形成和发展认知结构的过程，强调刺激—反应之间的联系是以意识为中介的，强调认知过程的重要性。认知学习理论的代表人物有很多，其中皮亚杰是杰出的一个。皮亚杰创立了日内瓦学派和信息加工心理学，即运用信息加工的观点研究人的认知活动。

皮亚杰认为，无论一个人的知识多么高深、复杂，都可以追溯到他的童年，甚至是胚胎时期。皮亚杰的理论试图以认知的社会、历史根源以及认知所依据的概念和"运算"的心理起源为依据来解释认知，尤其是科学认知。在皮亚杰看来，人出生以后如何形成认知、发展思维，受哪些因素制约，各种不同水平的智力及思维结构是如何先后出现的等问题都值得研究。因此，他的研究主要集中在两个方面：认知发展的阶段性问题和认知发展的机制。其中，认知发展的阶段理论最具有广泛的影响意义。在影响人的心理发展的因素上，皮亚杰认为，成熟、练习和经验、社会性经验、平衡化是四个基本因素。

总之，认知心理学冲破了行为主义对心理学的禁锢，对原先无法探测的大脑活动过程进行科学的抽象，简化为可以直接观察的心理模型，通过客观方法研究更加高级和复杂的认知活动，使人类对自身的认识向前推进了一大步。

第二节　高校英语教学的因素

一、教师

教师是教学活动的组织者，也是影响教学效果的最重要变量之一。教师的主导作用是在与学生的交往中得以实现的。教师在教学过程中除了要充分发挥自身的主导作用，更要注重自身素质的提高。一名合格的英语教师应该具备以下三个方面的基本素质：

（一）专业素养

教师专业方面的素养包括以下几个方面：

1.综合教学能力

综合教学能力是指在英语教学中所需要的语言本身之外的教学能力，主要包括书写、唱歌、绘画、制作、表演等。较强综合教学能力要求如下：能写，即书写字迹工整规范；能唱，即能够结合学生学习的进程编写、教唱学生喜爱的外文歌曲；会画，即会画简笔画，并能运用于教学中；会制作，即能够设计制作适用于教学的各种教具，包括幻灯片、录像、计算机软件等；善表演，即能够充分利用体态语，以丰富的表情、协调的动作表达意义或情感，做到有声有色。

2.系统的教学理论知识

系统的教学理论知识也是英语教师必须掌握的。所谓系统的教学理论知识，是指教师除了要具备教育学、心理学理论以外，还要掌握英语教学理论知识，这主要包括现代语言知识、英语习得理论知识和英语教学法知识等。

3.较高的语言水平

较高的语言水平是一名英语教师的基础，主要包括扎实的语言专业知识和较高的语言技能。教师不仅要具备系统的英语语音、语法知识，还要具备较大的词汇量，同时要具有良好的听、说、读、写、译能力。较高的语言水平是开展教学活动的基本保障，教师只有具备较高的语言水平，才能全面地掌握教材，才能向学生传授英语语言知识，培养学生的英语语言技能。

4.英语教学的组织能力

英语教学的组织能力主要指教师动员和组织学生集体进行学习的能力。这一能力主要表现在教师有效地掌握课堂、有效地动员学生积极参加学习等方面。在有效掌握课堂方面，教师要做到以下几点：注意教材内容、自己的言语和言语表达；注意学生理解和表达的正确性，包括语音、语法、词汇及思想表达等方面的内容；注意课堂情绪和纪律；注意掌握学生的注意力。做到以上几点，教师才可以使课堂教学井然有序。要想有效动员学生积极参与学习，教师需要具有一定的创造性。教师一进课堂就会进入一种创造性的境界，思维活跃，能够很容易地自由运用知识技能，从而使学生得到有力的感染，愿意全身心地投入教师引导的学习活动中。教师流利的英语本身就是动员学生的一种力量，教师发音要清晰、准确流利，内容易懂、明确。教师还要能根据学生的语言水平来组织自己的语言，使用学生学习过的词汇和语法结构。

5.传授和培养英语知识技能的能力

（1）教师要善于讲解

讲解是所有教师所必须具备的最主要、最基本的工作能力。一名合格的教师要善于将复杂的教学内容变得通俗易懂，能够深入浅出地进行讲解。为此，教师不仅要充分了解学生的心理、生理特点以及学生的英语水平，还要认真细致地做好备课，并且要根据不同的内容选择适当的讲授方法，在讲解的过程中还要做到重点突出。

（2）教师要善于示范

英语教学既要传授知识，又要培养技能。学生语言技能的训练包括发音、书写、朗读、说话，这些都需要教师进行示范，然后学生对教师的示范进行模仿。教师要将示范和讲解相结合，用示范配合讲解，或者用讲解来突出示范中的重点，做到示范正确标准。由于示范是为了让学生进行模仿，因此还要与学生的实践相结合。

（3）教师要善于提问启发

向学生提问是英语教学的重要手段，教师要善于使用这一手段。例如，在讲授新知识之前通过提问来复习旧知识；用提问检查与复习讲授的内容。使用提问教学手段时教师要注意两点：提出的问题要适合学生的实际水平；提问要注意调动全班学生的积极性。

（4）教师要善于引导学生进行练习

语言技能的培养需要大量的语言实践，如语音练习、语法练习、口语表达练习、听力培养练习、阅读练习、写作练习等。教师要熟悉各种练习形式的作用，并在英语课堂教学中引导学生进行各种练习活动，有效培养学生的语言技能。

（5）教师要善于纠正学生言语中的错误

学生学习英语是一个逐步进步的学习过程，在这个过程中难免会出现错误。有些错误是学生可以自行改正的，教师对此类错误不必纠正。对于有些必须纠正的错误，教师也应该有策略、有技巧地进行纠正。哪些错误需要纠正，哪些错误不需要纠正，在何时纠正，如何纠正，都反映着教师的教学实践素质。

6.较强的科研能力

以往的英语教学只要求教师具备一定的语言水平和教学水平，但是随着时代的发展，教育对教师提出了新的要求，教师除了语言水平和教学水平外，还要具备较强的教育科研意识和科研能力。

一名优秀的英语教师不仅是教学的实践者，还应该是科研的参与者，是英语教学与学习规律的研究者。为了提高我国英语教学的效果，我们不应满足于借鉴国外的教学理论与方法，还应充分考虑我国的特色，结合我国的教学实践，通过融合与创新，努力探索具有中国特色的英语教学之路。为此，教师应该结合自己的教学经验和教学实践，通过不断调查研究教学实践过程，分析总结经验，改进教学，并将其中成功的经验上升为新的理论，丰富我国的英语教学实践，促进我国英语教学的发展。

（二）师德素养

师德是教师最重要的素养，也是教师从事教育教学活动的动力源泉。师德决定着教师对学生的热爱、对事业的忠诚、对教学执着的追求和对人格的塑造。同时，师德还直接影响着学生的成长。因此，英语教师必须具有坚定的理想信念，科学的世界观、人生观、价值观，忠于人民的教育事业，具有爱岗敬业的奉献精神，热爱学生。教师只有自身真正懂得奉献、体现公正、具有责任感，才能言传身教。

（三）人格素养

人格素养是教师素养的综合体现。"学高为师，身正为范"概括了教师的职业特征和专业特征，同时也概括了对现代英语教师人格塑造的要求。一名优秀的英语教师应具有高尚的道德品行，令人愉快的个人性格，宽容、谦逊、好学的品质，正确的自我意识，良好的心理素质，幽默的语言表达，和谐的人际交往，端庄的仪表风度，崇高的审美素质，积极耐心的工作态度，及丰富的知识经验等。这些方面并不是孤立的，而是相互联系、相互影响的。

二、学生

学生是英语课堂教学的主体和中心。每个学生都是独特的个体，他们之间存在着各种差异，这些差异尤其体现在语言潜能、认知风格、学习动机、学习态度及自身性格等方面，并且这些差异使他们理解和掌握新知识的速度和程度不尽相同。这里重点分析一下学生在各方面存在的差异。

（一）语言潜能差异

语言潜能是学习英语所需要的认知素质，或是学习英语的能力倾向。努力提高学生英语素质就是要培养学生的综合语言运用能力，语言潜能正是就学生的认知素质来预测其学习英语的潜在能力。英语学习能力应包括以下几种：

（1）语音编码、解码能力，即关于输入处理的能力。

（2）归纳性语言学习能力，它是有关语言材料的组织和操作能力。

（3）语法敏感性，它是从语言材料中推断语言规则的能力。

（4）联想记忆能力，它是关于新材料的吸收和同化能力。

不同学生的语言潜能存在着差异。在教学过程中，教师应了解学生的语言潜能进而因材施教，使之针对不同的学习任务在不同场合发挥各自的长处，以收到事半功倍的效果。

（二）认知风格差异

认知风格是指人在信息加工（包括接受、存储、转化、提取和使用）过程中，表现出来的认知组织和认知功能方面的持久一贯的风格，它既包括个体知觉、记忆、思维等认知过程方面的差异，也包括个体态度、动机等人格形成和认知功能与认知能力方面的差异。不同的学习个体有不同的认知风格。应该说，不同的认知风格各有其优势和劣势，但这并不代表学生的学习成绩有差别。学生之间可以有各自偏爱的信息加工方式，在学习不同材料时也会各有所长。当学生的认知风格与教师的教学风格、学习环境中的其他因素相吻合时，其学习成绩会更好。因此，教师应了解并尊重学生不同的认知风格类型，针对不同的学习任务和学习环境因材施教、妥善引导，使自己的教学特点与学生的需要有机联系，进而取得良好的教学效果。

（三）情感因素差异

情感因素方面的差异主要涉及以下几个方面：

1.学习动机

学习动机是指激发个体进行学习活动，维持已引起的学习活动，并使行为朝向一定的学习目标的一种内在过程或内部心理状态，是直接推动学生进行英语学习的内部动力，是影响英语学习成绩的一个关键因素。学习动机来源于学习活动，也是学习活动得以发动、维持、完成的重要条件，并由此影响学习效果。

2.性格

性格是指一个人对现实的态度和行为方式表现得比较稳定但又可变的心理

特征，是学生的重要情感因素，也是决定其英语学习成功与否的关键因素之一。人的性格大体可以分为外向型和内向型两种。外向型的学生有利于交际方面的学习，因其喜欢交际，不怕出错，能积极参与英语学习活动，并在活动中寻求更多的学习机会；内向型的学生在发展认知型学术语言能力上更占优势，因其善于利用沉静的性格从事阅读和写作。对教师来说，研究学生性格差异的最终目的是为了充分了解学生的个体差异和不同的心理状态，发挥不同性格学生的优势，因材施教，以获得更理想的教学效果。

3.态度

态度是指个体对待他人或事物的稳定的心理倾向或为达到某种目的而做出的努力，是影响英语学习的重要因素之一。态度包括三个方面：情感成分，即对某一个目标的好恶程度；认知成分，即对某一个目标的信念；意动成分，即对某一个目标的行动意向以及实际行动。一般来说，对异文化感兴趣，渴望了解其历史、文化和社会习俗的学生，对其文化与语言会持积极的态度，这样就可以获得良好的学习效果。此外，学生对学习材料、教学活动的组织形式及对教师的态度，都会影响到他们英语学习的效果。

对学生个体差异的分析是为了使教师能够根据学生的个体差异制订教学计划，选择适合的教学材料和方法，具有重要的实践意义。

三、教学内容

教学内容是连接学生和教师之间的桥梁，也是教学实践中不可或缺的一个重要构成因素。所谓教学内容，就是指在教学活动中为实现教学目标，师生共同作用的知识、技巧、技能、思想、观点、概念、事实、问题、行为习惯等的总和。教学内容是一种特殊的知识系统，既不同于语言知识本身，也不同于日常经历；既要考虑英语学科本身的知识体系，又要考虑学生的年龄特点和实际需求等。一般来说，教学内容包括以下几个方面：

（一）语言知识

语言知识是综合英语运用能力的有机组成部分，是语言学习和语言运用的重要内容之一。没有扎实的语言知识，就不可能具有较强的语言能力。

（二）语言技能

听、说、读、写是学习和运用语言必备的四项语言基本技能，是形成综合语言运用能力的重要基础和手段。听是分辨和理解话语的能力；说是运用口语表达思想、输出信息的能力；读是辨认和理解书面语言的能力；写是运用书面语表达思想、输出信息的能力。学生通过大量的听、说、读、写的专项和综合性语言实践活动，形成这四种技能的综合运用能力，为真实语言交际奠定基础。

（三）情感态度

所谓情感态度，是指兴趣、动机、自信、意志和合作精神等影响学生学习过程和学习效果的相关因素，还有在学习过程中逐渐形成的祖国意识和国际视野。在教学中，教师应不断激发并强化学生的学习兴趣，引导他们逐渐将兴趣转化为稳定的学习动机，树立自信心，锻炼克服困难的意志，认识学习的优势与不足，乐于与他人合作，养成和谐和健康向上的品格。

（四）文化意识

在英语教学中，文化指所学语言国家的历史地理、风土人情、传统习俗、生活方式、文学艺术、行为规范、价值观念等。对学生来说，接触和了解外国文化有益于学生对英语的理解和使用，加深对本国文化的理解与认识，有利于提高人文素养，培养世界意识。

（五）学习策略

学习策略是指学生为有效地学习和发展而采取的各种行动和步骤。英语学习的策略包括认知策略、调控策略、交际策略和资源策略等。培养学习策略有助于学生有效学习英语，为终身学习奠定基础。使用有效的英语学习策略，可以改进英语学习方式，提升学习效果，还可以让学生学会如何学习，从而培养学生自主的终身学习能力。因此，教师要有意识地帮助学生形成适合自己的学习策略，对自己的学习过程和效果进行监控和反思，培养学生根据学习风格不断调整学习策略的能力，引导学生观察他人的学习策略，与他人交流学习体会，尝试不同的学习策略。

教材是教学内容的重要载体。在新课程改革中，教材是重要的教育教学因素。教材是教师用来教学的材料，也是学生用来学习的材料。简单地说，教材是为教师的教和学生的学服务的，是课堂的必需要素。然而，教材是死的，学生是不断变化的，并且任何教材的编写都受编者水平和资料的限制，不可避免地会存在某些缺点和不足。如果教师一味地以完成教学任务为目的，忽略学生的反应，按部就班地使用教材，恐怕很难起到促进学习的作用。因此，在教学过程中，教师应灵活地处理不同的教材，在课上或课下询问学生的感受，及时调整教学的方法和进度。

四、教学环境

任何教学活动都是在一定的教学环境中进行的，教学环境是教学活动的基本要素之一，是开展教学活动的依托。同样，英语教学也必须在现实的英语教育环境中进行，所以英语教育受制于环境这一因素。

（一）教学环境的构成要素

英语教学环境是指英语教学赖以进行的实际条件，即能稳定教学结构、制约教学运作、促进个体发展的教育条件和环境因素。环境因素是制约和影响英语教学活动和效果的外部条件。教学环境主要由以下几个要素构成：

1.学校环境

学校是为学生提供学习场所和学习手段的最佳环境，它对英语教学的影响更为重要和直接，决定着绝大多数学生英语学习的成败。学校环境主要包括课堂教学、接触英语时间的频率、班级的大小、教学设施、教学资料、英语课外活动、英语教师及其他教职工对英语的态度及其英语水平、校风班风和师生人际关系等。

2.社会环境

社会环境是影响和制约英语教学过程的重要因素，它主要指社会制度、国家的教育方针、英语教育政策、经济发展状况、科学技术水平、人文精神、社会群体对英语学习的态度，以及社会对英语的需求程度等。社会环境因素是英语教学向前发展的动力，对英语教学具有重要的导向作用。

3.个人环境

个人环境主要包括学生的家庭成员、同学、朋友的社会地位，物质生活条件，文化水平，职业特点和对英语学习的态度、经验、水平及学习方式，成员之间的关系及感情，学生的经济状况，拥有的英语学习设备和用具等。个人环境也会对学生的英语学习产生一定程度的影响。

（二）教学环境对英语教学的意义

成功的英语语言学习活动离不开其得以存在、发展、交流、应用的各种环境因素。教学环境潜在地影响着教学活动的效果，是学生学习活动赖以进行的主要环境。教学环境对英语教学的意义主要表现在以下几个方面：

（1）促进教师在教学中更加努力地营造良好的英语课堂教学环境，充分利用现代化教学手段与教学资源，优化教学环境，提高学生对英语的运用能力。

（2）可以帮助教师正确地认识环境对学生英语学习的客观影响，结合中国的英语教学实际，理性地分析、判断和选择外国的英语教学理论和教学方法。

（3）可以帮助教师有效地加工语言输入材料，科学地设计语言练习，创设良好的课堂英语使用环境。

（4）有利于教师在不断学习和实践优化课堂教学环境的策略，创设良好的英语教学环境的过程中，提高其自身的教学素质。

五、教学方法

语言教学教无定法，贵在有法。在英语教学历史上，有多种教学方法都曾经发挥过重要作用，有效地促进了英语教学的发展。例如，语法翻译法、直接法、自觉对比法、听说法、视听法、认知法、功能法，以及由此派生出来的口语法、全身反应法、自然法、沉默法、暗示法、交际法等。但是，实践证明，没有哪一种教学方法是最好的、最有效的，也没有哪一种方法适用于所有时期、所有地区、所有教学内容。不同的教学方法对不同的语言知识、语言技能各有侧重，综合、灵活地运用各种教学方法，才能有效促进学生英语能力的提高，才有利于学生英语水平的全面发展。

在英语教学中，教师应该注意无论使用什么样的教学方法，都必须以学生的语言交际作为教学的出发点，尽量将教学与日常实际生活结合起来，鼓励学生有创造性地、有目的地运用已学语言材料，在新的生活场景中重新组织语句，表达自己的感情。同时，教师应力求使教学过程交际化，教材内容选自真实生活中的自然交际，适合学生的年龄，对处于不同阶段的学生采取不同的教学方法。

第三节　高校英语教学的原则

一、以学生为中心原则

学生是教学活动的主体与内在因素，英语教学要以学生为中心，充分发挥学生的主观能动性，提高教学效率。在英语教学中，实施学生中心原则要求教师从以下两个方面着手进行：教材分析要以学生为中心、教学方法和手段的选择要以学生为中心。

（一）教材分析要以学生为中心

在进行教材分析时，教师应充分理解并把握教学内容，了解学生所处的不同阶段的实际情况以及学生的学习能力状况，以此作为调整教学目标与任务的依据；教师还要根据学生的需要，对教材内容和活动进行心理化处理和最优化处理，使教材与学生的经验与体验结合起来，将教材内容变成问题的链接和师生对话的中介，使教材更好地服务于教学。

（二）教学方法和手段的选择要以学生为中心

在英语教学过程中，教师应选取多样化的教学方法和手段，做到以学生为中心。直观的教学方法可以使学生直接感受和理解语言，通过视、听、说可以激发学生参与的兴趣，强化记忆。形象化教学手段可以适应学生的直觉思维特点，因此教师可选择一些利于激发学生兴趣和好奇心的媒体，如幻灯、投影、模型、录音、图片等，使他们积极地参与课堂学习，自然地感知语言，满足个人的需求。

二、循序渐进原则

英语教学的循序渐进原则主要包括以下三层含义：①语言的学习应从口语开始，然后逐渐过渡到书面语。英语包括两种形式：口语和书面语，且口语早于书面语出现。与书面语相比，口语词汇通常较为常用，句子结构简单，学习起来比较容易。学生通过口语的学习可以尽快地获得交际技能，满足日常交际的需要，这样就达到了学用结合的目的。②就听、说、读、写等语言技能的培养而言，教师应该首先侧重培养学生的听、说能力，再逐渐过渡到读、写技能的培养上。听、说、读、写是英语的四项基本技能，应该全面发展，但是在不同的阶段，侧重点应有所不同。听、说教学能使学生掌握基础的语言知识，包括语音、词汇、句子结构等，这为读、写能力的培养奠定了基础。因此，在英语学习的初级阶段，教师应加强听、说的教学，然后再逐步向读、写教学过渡。③英语语言知识、语言技能以及使用语言的能力的完成与提高是一个循序渐进的过程。学习英语是一个螺旋式发展的过程，需要反复循环，但这种循环并非单一的重复，每一次重复在难度和深度上都有所提高。此外，循环往复要求教学中要做到以旧带新，从已知到未知。因此，教师应以学生已有的语言知识和已熟悉的语言技能为出发点，传授新知识，培养新的技能。

三、输入优先原则

英语教学要坚持输入优先原则。所谓输入和输出，是指学生通过听和读接触英语语言材料以及学生通过说和写来进行表达。语言输入的量越大、质量越好，语言输出的能力就越强。可见，输入是输出的基础。

输入优先原则的主要依据是埃利斯（R. Ellis）在其著作《理解第二语言习得》一书中，对英语学习中对待语言输入的三个方面特点的总结和归纳：①可理解性，是对所输入语言材料的理解；②趣味性和恰当性，指学习者对所输入的语言材料要感兴趣；③足够的输入量，足够的输入量在英语教学中也至关重要，但目前英语教学对此点有所忽视。

基于埃利斯对语言输入三方面特点的总结，在英语教学中坚持输入优先原则要注意以下几个方面：①注重输入内容和输入形式的多样化。输入形式可以包括声音、图像、文字等，语言题材和体裁要内容广泛、来源多样。例如，利用在日常生活中每天都会接触的文具、衣服、道路标志、电器等就可以帮助学生在潜意识中学到许多英语。②教师可以通过视、听和读等多种手段，尽可能多地让学生接触英语，多给学生可理解的语言输入。教师应该打破课内外的界限，利用声像材料的示范，选择贴近学生日常生活和学习、适合学生的英语水平、具有时代特色的读物等，扩大学生的语言接触面，增加学生的语言输入，以利于学生更好地学好英语。③着重强调学生的理解能力，为学生提供的语言材料要切合学生的实际情况，具有可理解性与趣味性。向学生输入的材料要符合学生的现有水平，只要求学生理解，不必刻意要求学生即刻输出。从教学方法而言，这也坚持了先输入、后输出的原则。然而仅依靠语言的输入不可能掌握英语并形成综合运用英语的能力，还需要适当的口头和笔头的表达来检验和促进语言的输入。④鼓励学生进行模仿。有效的模仿是模拟生活中的真实情景，注意语言结构所表达的内容。换句话说，模仿最好是让学生身临其境地去使用所要模仿的语言。例如，在结对练习、小组练习的时候，让学生根据实际情况使用所学习的语言，才能把声音和语言的意义结合起来，学生才会在课外运用所学语言。模仿是在优先输入语言的基础上，对语言进行的有效练习和输出实践。

四、兴趣性原则

在英语教学中，教师应意识到兴趣的巨大作用，尽可能调动学生的内在动机，激发学生对英语学习的主观愿望，以获得更好的教学效果和学习效果。在英语教学中，教师可从以下几个方面入手来调动学生的学习兴趣：①尊重学生的主体性，充分了解学生的特点。教师必须清楚地认识到学生是英语课堂的主体，学生通过积极主动的尝试与创造，才能获得认知和语言能力的发展，教学活动也才能达到预期的效果。教师要根据学生的心理和生理特点，遵循语言学习规律，采用多种教学方式，让学生通过体验和实践进行学习，从而形成语感，提高交流能力。②改变强调死记硬背、机械操练的教学方式以及传统的英语测试方式。英语学习需要一定的死记硬背和机械操练的活动，但是如果机械性操练太多太滥，则很容易使学生降低甚至失去学习英语的兴趣。为此，教师应该以学生感兴趣的方式帮助学生获取知识，使他们在获得交际能力的同时，综合素质也得到相应提高。③对教材进行深度挖掘。教师在备课过程中，应认真地研究教材，挖掘教材中学生感兴趣的内容与话题，使每节课都有让学生感兴趣的内容和活动，以最大限度地调动学生的积极性。

五、系统性原则

在英语教学过程中要遵循系统性原则，目的是使学生对所学内容能有比较系统、完整的概念，在各部分知识之间和新旧知识之间建立有机的联系，在消化所学内容时思路清晰而有层次。具体来说，系统性原则主要涉及以下几点：

（一）系统安排教学工作

英语教学工作的安排要有计划性，要求做到以下几点：①教师要有计划地备课。例如，一篇课文要上八课时，在备课时要一下子备完，不能今天上两节课就备两节课的内容，要一次备好。②教师的讲解要逐步深入、条理分明、前后连贯、新旧联系、突出重点，一环套一环，一课套一课，形成一个有机而系统的体系。③教学的步骤和培养技能的方法应该符合掌握语言的过程。要根据课程的最终教学目的，由易到难，逐步提高要求。④练习布置要具有计划性。要先进行训练性练习，然后再进行检查性练习。此外，练习的形式要具有体系性，相同的练习形式也要有不同的要求。⑤布置家庭作业和讲课的重点应当密切结合。每次作业要有明确的目的，课内、课外要通盘考虑。⑥要经常检查学生掌握知识和技能的情况，每堂课要有一定的提问并作相应的记录，这可以对学生起到督促的作用。对于学生的平时成绩不能仅凭教师的印象来评定，因此平时对学生所做的口、笔头作业要有记录。

（二）系统安排教学内容

英语教学内容的安排要有严密的计划和顺序。教师应该按教科书的安排特点和班级的情况合理组织讲课的内容，确定讲课的重点。当出现一个生词时，不要急于一次把这个生词的所有意义、用法全部教给学生。当教授一条新的语法规则时，不要一次向学生交代有关这条规则的全部知识，要将知识分步教给学生。教学内容的安排应该服从教学的系统。这样才能由浅入深、由易到难、由分散到系统。

（三）系统安排学生学习

教师要指导学生进行连贯的学习。学习要循序渐进，要经常、持久连贯地学习。因此，教师在教育学生时要有恒心，经常及时地带领学生进行复习和做好功课。此外，教师还要指导学生正确处理好平时和期末的关系。必须向学生明确，将学习重点放在平时，平时训练要从难从严。此外，教师还要经常关心和指导学生的学习方法，并针对学生的个人特点因材施教。

六、真实性原则

在英语教学中，教师要实现语用真实，应做到以下几个方面：把握真实语言运用的目的、采用语用真实的教学语境、设计组织语用真实的教学活动、设计语用真实的教学检测评估方案。

（一）把握真实语言运用的目的

英语教学的最终目的是培养学生的综合语言运用能力，这种能力实际上就是一种语用能力。这里的语用目的是指教学内容体现在语用能力方面的教学目的，主要表现在以下三个方面：①语句的语用功能目的；②对话语篇的语用功能目的；③短文语篇的语用功能目的。

（二）采用语用真实的教学语境

在教学开始之前，教师应从语用的角度对课文进行详细全面的分析，研究语句使用的真实语境，准确把握课文中所有语句的真实语用内涵，选用语用真实的例句与练习，这样就可以在教学前就指向语用教学，从而保证学生能够获得语用真实的英语运用能力。

（三）设计组织语用真实的教学活动

对学生语用能力的培养应贯穿于整个英语教学过程，因此教师应基于语用真实的指导思想来设计教学活动，将语用能力的培养与呈现、讲解、例释、训练、巩固等课堂教学活动紧密结合起来。

（四）设计语用真实的教学检测评估方案

教学检测评估对教与学都具有重要的反拨作用。设计语用真实的教学检测评估方案，可以找出学生的语用能力存在的不足之处，从而对教学进行有针对性的调整与改进。此外，语用真实会引导学生在学习中更加自觉地把握学习内容的真实语用内涵，强化学生运用英语的自我意识。

七、课内外活动相结合原则

在教学实践中，要遵循课内与课外活动相结合原则，主要是因为两者之间存在的互补性，具体体现在以下两个方面：①课外活动具有自愿性和选择性，学生可以根据自己的兴趣爱好自愿选择参加感兴趣的活动。课内活动一般是非自愿的，也是无法自由选择的，课内活动必须按照规定的教学大纲有序进行，一般具有统一的课程和课时，这样可以保证全班同学在相同的教育过程中保持相同的步调，既有利于培养学生个性的共同点，又有利于学生系统地习得语言知识。课外活动则基本上是以学生的兴趣为主，遵循学生的自愿性进行。②课外活动是真正以学生为中心，由学生独立进行和完成的教学活动，教师只是在有需要的情况下提供适当的帮助，因此课外活动更能发挥学生的主动性和独立性，更能培养学生自主学习的能力。相对而言，课堂教学活动则具有一定的局限性。

根据我国目前高校的英语教学现状，为了更好地将课堂教学与课外活动相结合，发挥它们的互补作用，就要在优化课堂教学的同时，加强课外活动，具体可从以下两个方面着手：①激发学生在课堂活动中的主体积极性。课堂教学实际上是教师与学生以教学影响为中介的交互作用过程，这个过程能否发挥交互作用效果，很大程度上取决于学生的主体积极性。因此，如何激发学生的主体积极性就成为贯穿于英语课堂教学始终的问题。②减少课堂教学时间，提高课堂教学效益。学生的潜能和优势得不到发挥，学生的创造性得不到锻炼，学生的综合素质怎能有效提高呢？因此，我们提倡高校应减少课堂教学时间，增加课外活动时间总量。与此同时，要提高课堂教学的效益，即师生以最少的时间和体脑耗费取得最大的教学效果，只有在减少教学时间的同时提高教学效益，才能保证整体的教学质量。

八、合理使用母语原则

在英语教学中，教师应当提倡学生多说英语、多用英语，但这并不意味着不能使用母语。在英语课堂上可以合理使用母语，利用母语优势帮助学生理解学习过程中的难点，这对提高教学效果有利无害。合理使用母语原则，包括在英语教学中利用母语的优势和避免母语的干扰两个方面。

（一）利用母语的优势

教师在英语教学中要学会利用母语的优势，借助汉语对一些词义抽象的单词和复杂的句子加以解释。英语学习是在学生已经熟练掌握母语之后进行的学习实践，学生在英语学习之前对时间、地点以及空间等概念已经形成，已学会了表达这些概念的语言手段，况且英汉两种语言在结构和使用方面也存在许多差异，这些语言文化差异往往会造成学习英语的障碍。因此，利用母语的解释可以帮助学生更快、更好地学习和掌握英语的某些概念。适当地使用母语进行教学，有助于学生理解母语和英语之间的差异，了解英语结构和规则的特点，有助于师生之间的顺利沟通和深化对语言差异的理解和消化，从而提高学习效果。

（二）避免母语的干扰

母语交际先于英语为第二语言的学习且已基本上被学生熟练掌握。英语的学习是个相当复杂的过程，母语的使用习惯可能会给英语学习带来障碍。在学习英语的过程中适当使用母语，用母语简单讲授英、汉两种语言在某一结构、某一用法上的差异和特点是可以的。但对母语优势的利用一定要掌握一个"度"，避免将母语的使用规则迁移到英语的使用上。如果过多地或一味地使用母语，会在很大程度上给英语的学习带来不利。在英语教学里利用和控制使用母语，要注意以下几个方面：

（1）随着科学的发展、教学方法的改进和现代教学手段的运用，多用母语作为教学手段的效果日益减弱且劣势日益明显。英语教师结合现代化教学设备，运用更加直观的教学手段有更大的创造空间。

（2）在英语教学中，学生对所学英语词句的理解是相对的。理解包括知道这些语言现象及其隐藏在现象后的本质。在初始阶段，没有必要引导学生过分追求本质，这主要是由于英语的很多用法是习惯问题，很多情况用逻辑推理不通。

（3）在英语教学中，教师应控制使用母语，尽量用英语上课。要充分考虑教师运用英语的能力、学生的理解能力和接受效果，教师尽量用教过的英语讲话，也可借助图画、实物、表情、手势等直观手段，也可以将关键词写在黑板上，使师生的交际能力在课堂教学中得到有效的提高。

总之，英语教学的过程要成为有意识地控制使用母语和有目的地以英语作为语言交际工具和媒介的过程，坚持合理使用母语原则才能更有效地优化教学效果。

九、最优化原则

在英语教学中，最优化原则体现在某一方面知识内容的教学中。在几种教学媒体都可用的情况下，选用教学效果最好的媒体；教法选择最优化；结构安排最优化；角色搭配最优化；具体运用最优化。针对在非母语环境下进行英语教学的现状，努力营造轻松自然的语言氛围，促进语言习得。因此，多媒体软件和课件要便于学习者操作和控制。具体来说，课件的内容、布局、导航图标性能、菜单功能设计以及学习者的自由度，是影响学习者操作和控制课件的主要因素。为了提高学习效率，减少学习者的焦虑感，增强他们的学习兴趣和信心，课件应该从学习者的需要出发，尽可能地使课件方便实用。

十、精讲多练原则

精讲多练原则既肯定了讲和练的作用，又明确了讲和练的地位。讲涉及的是语言知识，练涉及的是语言技能。下面进行具体分析。

（一）语言知识促进语言技能的培养

既然英语教学将交际能力作为培养目标，那么实践性就是英语教学的特点之一。在英语课上必须以语言实践为主，课堂上绝大部分时间要用于实践。但是适当地传授语言知识，可以帮助学生更好地进行实践，提高学习的效果。语言知识讲授的范围、深度、方法和时机，要由语言实践和教学的需要来决定。

在初级阶段的英语教学中，教材简单并且每课只包含有限的句型和单词，通过反复直接练习就能熟练地掌握。本阶段的教学重点是引导学生养成运用英语的习惯和正确的学习方法。语言材料的有限性，使语言知识的讲授对学生的学习没有多大帮助。当英语教学向高级阶段推进，学生需要学习更多的句型和单词时，教师就需要使学生利用单词或句子间的关联来学习，并且从一些语言材料里总结出语法规则。在这一阶段，语言知识的讲授对学生才能发挥出应有的作用。然而，此时还是要注意精讲多练，不能喧宾夺主。

在英语教学的后期，语言知识的讲授有助于培养学生的自学能力。不是所有一切都在规则的统领之下，有时候最常用、最简单的单词，往往具有不合常规的词形变化和发音规则。这就要求学生多模仿教师，教师不要急于引导学生过多地追问为什么。精讲多练是学习英语稳妥而有效的方法，但随着学习进程的推进和学习内容的复杂化，就很有必要通过适当地讲授一些语言知识来发挥思维理解的作用。

（二）语言操练交际化

语言操练并不等于语言交际，前者关注的是语言形式，使学生在语言操练里掌握语言形式；后者关注的是语言内容，使双方达到相互了解。

1.语言操练是交际能力培养的手段

英语教学中的语言操练包括以下三种练习形式：机械练习，如句型操练等；有意义的操练，如围绕课文或情景所进行的模仿、问答、复述等；交际性操练，如联系自己的生活实际，利用课文里的词句叙述自己的思想、表达课文学习后的体会等。这三种练习形式的难度、与语言交际的接近程度都在递进，体现出由操练到交际的进程。英语教学的目的是培养学生的英语交际能力，而不是使学生掌握语言形式。但是培养学生的交际能力，必须借助语言操练这个手段。两者对英语教学目的的实现都非常重要，缺一不可。语言操练和语言交际相互联系、相互区别，有时没有明显的分界线。教师每次讲授新材料时，都要先进行机械练习，然后进行有意义的练习，再进行交际性练习，使学生最后能运用所学的新材料进行交际。不能把语言操练和语言交际对立起来，而是要看到它们之间的联系，一步一步地将语言操练推向语言交际。

2.将交际场合迁入课堂练习

教师应尽量将交际场合迁入课堂练习，使课堂练习接近语言交际。教师应该创造一定的情景，多给学生一些用英语进行交际的机会，鼓励学生带着表情和肢体动作进行英语交际，要像演戏一样将生活中的交际场合搬进课堂练习。在这个过程的开始阶段，性格严肃的教师和学生可能觉得不好意思，但是随着练习的增多，他们会逐渐习惯这种情况并觉得很自然。教师借助适当的表情、肢体动作进行英语交际，不仅能增加说话的力量，还能够激发学生的兴趣，帮助学生记忆，从而优化教学效果。

3.将交际形式迁入课堂练习

教师应尽量将交际形式迁入课堂练习，使英语课堂教学模拟日常生活中的交际形式，为学生在日常生活中使用课堂上所学的英语创造条件。日常交际形式包括问候，打招呼，会话，自言自语，讲故事，对人、物、画面的介绍，请求，命令，解释或说明事物或问题，演说，做报告，作文，写信。英语教学可以采用这些形式的课堂练习，课堂上将生活里常见的交际形式训练到自然的程度，学生的交际能力就会逐渐提高。

英语课堂的活动包括教师组织教学，讲解单词、课文和语法，布置作业，对学生进行奖评和考核，学生请教师解答疑难问题等，所以教师和学生不缺乏用英语进行交际的机会。教师要努力将所学英语用到师生间的交际中去，积极扩大使用英语的阵地，这样学生运用英语的能力和习惯才能养成。在注意课堂上用英语进行操练的同时，教师还要注意引导学生在课外活动和生活里使用英语。操练服务于使用，使用是对操练的检查和扩展。只有将操练和使用相结合，英语教学的目的才有可能实现。

第二章
高校英语教学方法

第一节 交际法

交际法是20世纪60年代末70年代初英国的应用语言学家在否定结构主义教学法的理论基础上提出来的，其基本概念为"意念""功能""交际"。交际法强调第二语言或英语教学的目的是使学生获得交际能力。因此，教学以语言功能为对象，教学过程应该是学习用语言做事的过程，其最终目的是在不同的场合对不同的对象用目的语进行得体的交际。交际法是以语言功能为纲、培养语言交际能力的一种教学方法体系。由于交际能力常常被认为是运用语言来完成各种功能或表达各种意念的能力，所以交际法又称为"功能—意念法"。

交际法的产生与语言学理论的发展有着密切的关系，具体地讲，与人类语言学、社会语言学和语用学有密切联系。现代语言学及其边缘科学的迅速发展为交际教学思想的形成奠定了坚实的基础。其直接的理论动因为兴起于20世纪60年代的广义功能主义语言学，包括系统功能语法、社会语言学、语用学、篇章分析理论及跨文化交际学等。这些新兴学科的兴起，使人们开始考虑语言的使用和社会功能，以及使用语言的社会环境和文化背景。这些理论在教学上的体现就是注重交际能力，交际是人类自然语言最根本的功能，语言学习不仅应该重视结构、规则、形式的掌握，更应该强调语言的社会功能以及学习者的交际需求。学生不仅应该学习必要的语言知识，还应该学会正确得体地使用语言。语言教学不应该以句子为单位，而应该以篇章为基本单位。语言学习实际上也是一个跨文化体验过程。这些成果构成了交际语言教学思想的核心。

交际法的语言理论基础主要来自社会语言学家戴尔·海姆斯（Dell Hymes）的交际能力理论和英国语言学家韩礼德的功能语言学理论。20世纪50年代末，乔姆斯基在批判行为主义语言学理论的基础上，提出了"语言能力"的概念。他认为，语言能力是某种远比语言本身抽象的指示状态，是一套原则系统，一种知识体系，因此语言能力并非处世能力，甚至也不是一种组织句子和理解句子的能力。

语言是表达意义的体系，不是产生结构的体系。韩礼德进一步研究了语言的社会功能，他的意义潜能理论是对交际法产生重大影响的另一个核心理论。意义潜势是语言能够做事情的行为潜势的实现，换句话说，意义潜势是指"能够通过语言做事情"，表现在语言上就是"能够表达意义"。他从语言运用的角度提出语言的三大功能：认知功能、建立和维持人际关系的功能，以及连贯脉络功能。以往的语言学局限于研究认知功能，忽视后两种功能。在这种思想指导下的教学理论只注重语言形式训练，只求掌握认知功能，结果学生却不会使用语言，掌握不了交际能力。

与此同时，社会语言学的发展也大大开阔了人们对语言的认识视野。突出的点就是语言的运用与许多社会因素有直接、密切的关系，似乎每个社团都有自己一套使用语言的规则：什么场合讲什么话，对什么人讲什么话，如何赔礼道歉，如何抱怨批评等，都是有某种规范的。甚至有人说，在得体性上的失误所造成的严重后果远远超过语法错误所引起的后果。

交际法的心理学理论是意念论。意念这个词属于心理学的范畴。思维是人的一种心理现象，作为人脑反映现实的思维活动形式，思维是人类共有的。人类的思维具有共同性和普遍性。操不同语言的各个民族有共同的意念范畴，特别是比具体意念抽象程度更高一级的意念范畴，人的思维又可以分为有限的意念范畴，各个意念范畴又可以分为若干个意念项目，意念项目还可以分为细目，同一个意念项目，各个民族又用几乎完全不同的语言形式来表达。常用意念项目及其常用的语言表达形式构成了某种具体语言的共同内核。因此，采用语言的功能进行教学就是运用这些共同的、有限的意念范畴以达到掌握一门语言的目的。由于人类的思维有共同的、普遍的意念范畴，所以常用意念项目就成为欧洲现代语言教学的共核，成为欧洲现代主要语言教学大纲的基础。由此，常用意念项目及其语言表达方式成为现代语言教学的依据。交际法就在意念理论的基础上编写教学大纲。

交际法在英语教学实践中演化成为两个版本，即所谓强势和弱势，两者的主要区别在于如何看待交际与教学以及如何对待语言知识的问题上。强势交际观把英语的获得看作是交际活动的结果，坚持要直接通过交际活动习得交际能力；弱交际观认为，应该把语言作为交际工具来教，交际活动的目的是掌握目的语。

交际法教学学习理论主要包含三项原则：

（1）交际原则，涉及真正交际行为的活动能促进语言学习。

（2）任务原则，活动要求用语言去完成／执行有意义的任务，这样的活动能促进语言学习。

（3）意义原则，对学习者有意义的语言能促进语言学习。因此，学习活动的选择要依据其在多大程度上能使学习者参与到有意义的、真实的语言运用之中（而不是机械的句型操练）。

以上原则说明了什么样的条件能够促进第二语言学习。交际法让学生在真正的交际活动中参与有意义的活动，并完成一定的学习任务以达到培养语言交际能力的目的。

交际法的教学原则具体表现为以下内容：

（1）强调语言的意义和运用，而不是语言的形式。在教学中将语言运用的流畅性摆在首位。

（2）语言学习的目的是学会运用语言进行交际，而学习掌握外国语语言的最佳途径是用所学语言进行交际。

（3）从学生日后的工作生活的实际需要出发来确定教学目的，制定教学内容。

（4）使学生勇于投入创造性地使用语言的活动中，在不怕失误的体验中获得交际能力。

（5）以语境为尺度衡量语言使用的准确性。

（6）机械训练不作为主要教学手段。

（7）语音达到能被人听懂的水平。

（8）阅读和写作可以从初学开始。

（9）审慎使用母语。

（10）语言错误是学生在学习过程中不可避免的。学生学习英语的过程是从常常出现错误的不完善阶段逐渐向不出现错误、达到完善的阶段的过程。对不完善阶段语言中的错误不必纠正。

（11）语言材料要来源于真实的话语。

（12）主张给学生的摄入量要大，教材选材范围要广，促使学生有充分的感性认识和宽广的知识面。

交际法依据功能意念大纲组织课堂教学，强调语言的社会功能，特别是强调培养学习者的语言理解能力、表达能力、相互沟通思想的能力、创造性使用语言的能力。交际法注重学习主体，关注学生活动，强调以学习者为中心，强调教学过程交际化。

"交际"不仅仅指相互间的语言信息的表达，它包括人与人之间一切思想感情的交流，是一种活生生的交际过程。

交际法把交际能力的培养作为教学的主要目标。在试图运用交际法的实践过程中，人们也发现了交际法自身的局限性，尚有难以解决的问题。首先，语言的功能项目很多，而且没有一个统一的标准，哪些功能应列入教学大纲，顺序如何排列，都是有争议的问题，并且不易统一。其次，在编写交际法教材时，最大的困难是如何使题材、功能和语法融为一体。再次，实践证明，理想的效果是语言能力和交际能力同时发展、齐头并进而不只是强调其中的某一方面。最后，把教学过程交际化是种理想状态，实现起来并不容易，努力使课堂教学交际化的同时，往往会忽视语言的准确性，基本功较差的学生，也不可能训练出理想的交际能力。

交际法由于过分注重交际的流畅性，而忽略了语言的精确性。交际法反对系统地教授语法，忽视语言知识的系统性和整体功能，语法教学服从于交际教学，语法项目的安排也随交际教学的要求安排，语法教学本身缺少系统性和阶段性，有些语法项目甚至被完全忽略；交际法时期，语法教学是没有什么地位的。即使交际法提倡者并不否认语法教学对交际能力的作用，但在实际教学过程中，对交际意义的过于关注，使得语法教学被排除在外。20世纪70年代后期，克拉申的监控理论曾一度控制了整个北美英语教学界。克拉申认为，语法不应该进入课堂活动，因为语法所起到的作用只是边缘性的，语法教学对第二语言能力的发展只起外围作用。他认为语法教学的影响会随着时间的推移而逐渐减弱。此外，由于过分注重语言的意义，强调语言使用的得体性，从而忽略了第二语言能力的培养。可以想象如果根本没有语言能力的基础，既不能像样地发音，又没有一定量的词汇，更不会遣词造句，那又怎样使我们的语言富有意义，更不用说去要求语言的得体性了。语法能力是语言能力的重要组成部分，语法的错误会对交际起阻碍作用，所以在教学中全然否定语法的作用是不可取的，培养交际能力不能排斥学习语法知识，如果学生没有掌握语法规则，就不可能产生创造性的准确的语言，获得较强的交际能力。准确的语言能提高交际能力。不符合语法规则的语言因为不能准确地传递意义，因此是无效的。没有掌握一种语言的语法，就谈不上掌握了这种语言，更不要说运用这种语言进行交际。没有语言结构知识，就不能将句子拆分成更小的语言单位并确定结构之间的意义关系，进行从下到上的精确理解。交际能力虽然突出地体现在口头表达上，但也不能忽视理解和书面表达。

第二节　直接法与语法翻译法

一、直接法

社会的发展要求更多的人学会英语，参与国际生活，这为英语教学提出了新的要求：口语能力的培养是英语教学的主要目的，语法翻译法满足不了这一新的社会需要。人们日益认识到，现代英语首先是一种有声的交际工具，直接用于社会交际实践。口语是书面文字的基础，口语既是教学的目的，又是教学的手段。现代语言的教学日益受到重视，到19世纪五六十年代在西欧一些国家已经酝酿着一场英语教学的革新运动，其矛头直指"语法翻译法"。直接法便是在这种社会需要的背景下产生的。

19世纪末，结构主义语言学的兴起为英语教学法的发展开拓了新的空间，国际语音协会从结构主义语言学的角度对语言单位进行了科学的分析和系统的分类，产生了标准国际音标，它为英语教学从书面语的教学转向口语教学铺平了道路。国际语音学会的成立和国际音标的制定对推动"直接法"的形成和发展起到巨大的作用。该协会倡导如下原则：

（1）以口语作为英语教学的主要内容。

（2）加强语音训练，以培养良好的发音习惯。

（3）学生通过学习连贯的课文、对话、描写、叙述，掌握英语的最常用的句子和习惯用语，并且课文要尽量容易、自然、有趣。

（4）学习初期，教语法时要用归纳法，把阅读中遇到的现象加以归纳总结。系统地学习语法要放到学习的后期。

（5）教师授课应使用英语而不是用母语。教师要尽量用实物、图片或英语解释来代替用母语翻译。

（6）到学习后期开始教写作时，写作的练习活动应按以下顺序安排：首先，重写读得很熟的课文；其次，重写教师口头讲述的故事；最后，自由写作。把英语译成母语或把母语译成英语的练习应该放到最后阶段。

德国的英语教学家菲埃托出版了《语言教学必须彻底改革》一书，该书反对语法翻译法，提倡直接法。菲埃托批评语法翻译法只重视文字，不重视口语。提倡语音教学和模仿式教学。

总之，语言学、心理学和教育学为直接法的产生提供了理论基础。例如，语音学对欧洲几种主要语言的语音体系已做出了全面科学的描述，提出音和字母对应关系的理论；语法学对这些语言的语法结构已进行全面的描写和初步的对比；词汇则提出语义随语境变化等理论。语言学的研究成果证明：不同语言的结构和词汇不存在完全的对等关系，这从根本上动摇了以逐词翻译为基本手段的语法翻译的理论。心理学和教育学此时也都在研究学生的年龄特征、记忆能力、刺激和兴趣在学习中的重要性等问题。心理学家提出的整体学习的学说，使人们注意到在英语教学里，必须让学生从一开始就学习句子。直接法遵循"以句子为基本单位"的教学原则。直接法认为，句子是口头交际的基本单位。"幼儿学语"

是整句整句学的，不是先学单词和语法规则，然后按规则拼凑单词进行表达。学习英语也应以句子为单位，整句学、整句用。原因有四：其一，句子是最小的交际单位，掌握后可以直接用于交际；其二，许多词的具体意义和用法只有在具体的句子中才能得到确定和体现；其三，通过句子学习语音、语调，学得地道、纯正；其四，以句子为单位学习，容易把语言中具有民族特色的惯用语学到手。句型教学就是从这样的一个认识基础上发展起来的。让学生先掌握句子，在掌握句子的基础上认识句型，分析有关语法点，包括句法和词法，以加深对句子的理解和使用。先掌握语言材料，再教里面包含的语法点，这就是直接法的语法归纳教学法。

概括起来说，直接法是以"幼儿学语"理论为基础的，即仿照幼儿习得母语的自然过程和方法，来设计英语教学的过程和教授方法，因此也称为"自然法"。英语直接法就是直接教英语的方法，直接法包含三个方面：直接学习、直接理解、直接应用。《韦氏国际大辞典》对直接法下了一个定义："直接法是教授英语，首先是现代英语的一种方法，它通过用英语本身来进行的会话、交谈和阅读来教英语，而不用（学生的）本族语言，不用翻译，也不用形式语法。"直接法是在英语教学改革之后形成的一个新学派，直接法主张英语学习是一个"直接"的过程，不需要翻译，不需要讲解语法，也不需要利用学生的母语，只需要运用英语直接进行教学、会话和阅读。

直接法的优点是：

（1）强调口语和语音教学，抓住了英语教学的实质。

（2）注重实践练习，通过句型教学，使学生在语言实践中有计划地学习实用语法，发挥语法在英语教学里的作用。

（3）有利于学生英语思维和言语能力的培养。

（4）采用各种直观教具，广泛运用接近实际生活的教学方式和方法，较为生动活泼地进行教学，大大提高了英语教学的质量，丰富了英语教学法的内容；引起学生学英语的兴趣，有利于调动学生学习的积极性。

（5）编选教材注意材料的实用性与安排上的循序渐进。

直接法的缺点表现在以下几个方面：

（1）学生在学校里学习英语和儿童在家里学习本族语言之间有相同的地

方，但也有不相同的地方。在英语教学里忽视青少年或成年人学习英语的特点，完全照搬儿童在家里学习本族语言的方法，会给英语教学带来不必要的困难。

（2）青少年或成年人已经牢固地掌握了本族语言，这一事实对学习英语既有有利的一面，也有不利的一面。直接法只看到它的不利一面，而看不到或忽视它的有利一面。在英语课上，生硬地排斥或禁止使用本族语言，会给英语教学带来不必要的限制和麻烦。

（3）在口语和书面语的关系上，在听说与读写的关系上，在处理语法和实践练习的关系上，一味强调或夸大一个方面，而忽视或否定另一方面，不能科学地处理好它们之间的关系，也不能充分发挥它们之间的协同作用。

（4）直接法突出强调了英语教学的实用目的，而不大注意教育目的，所以用此法培养的大多数学生在其独立工作能力和语言学修养上，特别是在阅读高深的文献的能力上，仍不及用语法翻译法培养出来的学生。因此在历次论战中，直接法遭到反对派的非议。

二、语法翻译法

早在2 000多年前，研究英语最初是用古希腊语和拉丁语，主要就是对其进行语法分析，用语法术语详尽地描绘目的语的形态特征和句法结构，以及进行书面语的翻译。如果把英语教学法发展史分为前科学时期和科学时期的话，那么语法翻译法便是前科学时期的产物，而不是语言学、教育学、心理学诸学科的自觉的综合应用。

语法翻译法是指用母语来教授英语的一种方法，在教学中以翻译为基本手段，以学习语法为入门途径。学习英语主要是通过将目的语翻译成本族语言，背诵记忆语法规则和词汇，并通过大量的语法翻译练习来强化记忆。其特点是强调语法知识的掌握，认为语言学习实质上就是学习一套英语语法规则。

18世纪、19世纪语言学家对语言的认识以及当时的社会需求有助于语法翻译法的产生，同时随后的语言学和心理学的研究也为语法翻译法提供了理论依据。18世纪的语言学家对词类的研究和划分为语法翻译法的形成打下了重要的基础。当时的语言学家通常把语言整体看作是词类的划分，并认为掌握词汇，即掌握了所学语言。18世纪，斯多葛学派最先确定了语法的范畴，包括时态语态、非限定动词等。之后，亚历山大学派在研究词的基础上确定了八大词类：动词、名词、形容词、代词、副词、介词、连词和冠词。18世纪的学者对词类的研究及词类的划分为语法翻译法的形成打下了重要的基础，语法翻译法正是依赖于这些语法术语和词类的名称进行课文分析和讲解，并依靠这些基本概念逐步形成较为完整的语法体系。此外，该时期的语言学家把语法看作是一种黏合剂，并认为语言学习者只要能够按照语法规则将词汇黏合在一起即可表达思想，也就是掌握了所学语言。在这一认识的基础上，通过对语言规律的研究和分类，他们逐步建立了"希腊—拉丁语法体系"。在这一体系下确定了主语、谓语、表语、定语、状语等，"希腊—拉丁语法体系"的建立初步完成了语法翻译法的轮廓和基本的框架。在语法翻译为基础的教学过程中，语法被当作是所教授语言的核心，也是语言学习的主要内容，因此教学的中心任务就是教授语法规则，传授语言知识，各种教学活动均以是否掌握了语法规则为准绳。同时，当时的语言学家认为书面语是语言的精华，认为学习者应该通过学习书面语来掌握语言，因此，这一认识为语法翻译法的教学内容确定了相应的范畴。在语言学习和语言教学中，心理学更关注语言的使用者和学习者。

当时人们普遍认为，语言就是词汇加语法，因此学习一门第二语言，就是学习它特有的词汇和语法，掌握了全部语法规则和一定数量的词汇，也就掌握了该门语言。因此在回答"教什么"时，语法翻译法的答案是：词汇和语法。于是它把死记硬背大量单词和语法规则（还有语法定义、例句等）作为教学的主要内容，把掌握它们作为教学的主要目的。早期语法翻译法教授英语生词和语法往往分头进行，都要求学生死记硬背，语法往往有单独的课本，按其自身的体系来讲授。中期的语法翻译法已开始注意克服语法教学和生词教学严重相脱离的弊端，尽可能地把两者结合起来，有计划地统筹安排，遵循由易到难、由简到繁等一般教学论原则，通过有意义的课文来实施。在处理语法与词汇的关系上，语法翻译法把语法置于首位。因为人们认为掌握一门语言，就是掌握该语言的规则，具有用这种语言理解和表达的能力。因此，语法是关键，只有经过语法分析，才能理解英语句子，也只有合乎语法规则的句子和由这样的句子组成的文字材料才是正确的句子和文本。此外，当时人们认为语法在很大程度上也就是逻辑，因此学习语法也就是学习逻辑。语法学习和语法分析被认为是"磨炼智力的体操"。学习语法的同时，也在训练演绎推理的能力、分析的能力等，因此，当时人们十分重视语法教学。在讲授第二语言时，教师使用母语，把生词及课文中的句子逐一译成母语，翻译是讲解生词和课文的基础。语法翻译法一般采用演绎法教学，即先教抽象的定义、规则，辅以实际的例词、例句，并把例词、例句翻译成母语，以帮助学生理解所学规则，用它们作为指导，来分析以后学习中所碰到的语言现象，以求正确理解并造出合乎语法的句子，从而达到表达的目的。在语言教学中语法规则实际上是语言理论，而且是主要的理论。语法翻译法主张在教学中"理论先行"，以后学生学习语言就在语法规则指导下进行。语法翻译法在语法教学问题上受到古代崇尚理性的理性论哲学思想的影响。教师讲授之后，以语法练习的方式来操练，语法练习多把母语译成第二语言，因此，翻译不但是讲解词汇、课文的基础，也是检测学生是否理解所学内容的基本手段。这种教学方法十分注意语法的形式，而不太注意句子的意义，所使用的例句往往脱离语境。

语法翻译法经历了漫长的发展过程，具有其独有的特点，到20世纪中期，经过历代教育家的不断努力和实践，克服了古典翻译法中的一些缺点，发展成近代的"译读法"，即主张从语言开始，在教字母的发音，讲解发音部位和方法，在词、词组和句子中练习发音的同时，开始注意阅读能力的培养，把阅读教学放在首位，并贯穿始终。由于他们意识到语法是阅读和翻译的前提，因而在实际教学中，语法仍占十分重要的地位。正因为如此，近代的翻译法仍被人们称为"语法翻译法"。每篇课文都体现几个语法项目，例句和练习都是配合语法项目的练习而编写的。讲解课文多是围绕语法难点来进行的，然而语法翻译依然既是教学手段又是教学目的。

综上所述，语法翻译法具有如下特点：

（1）学习英语就是学习它的语法和词汇。

（2）学习英语，语法既是最终的学习目的，同时又是重要的学习手段。

（3）教学用母语进行，翻译是讲解、练习和检查的基本手段。

（4）以词为单位进行教学。

（5）以文学作品名篇为基本教材。着重阅读，着重学习原文或原文文学名著。

（6）在英语教学里利用文法，利用学生的理解力，以提高英语教学的效果。

（7）在英语教学里创建了翻译的教学形式。

（8）使用方便。只要教师掌握了英语的基本知识，就可以拿着英语课本教英语。不需要什么教具和设备。

关于语法翻译法的特点可以概括为以下几个方面：

（1）语法体系的完整性和整体性。语法翻译法借助原"希腊—拉丁语法"的规则。

（2）形成了非常完整、系统的语法教学体系。这一语法教学体系对于初学者以及英语学习者来说是非常必要的。教学实践证明，这一体系有利于学习者较好、较快地掌握目的语的整个结构。语法翻译法及建立在"希腊—拉丁语法"规则上的英语语法体系有利于英语学习者认识目的语的形式、不同的词类、句子组合等。它在很大程度上符合并顺应了人们认识和学习目的语的客观规律，有利于学习者掌握好这一体系。

（3）语法翻译法较好地体现了英语学习的本质功能，即两种语言形式的转换，进而达到语际信息交流的实际目的。它在一定程度上验证了学习语法和词汇是一种有效的途径，同时翻译是实现信息交流的一种非常有效的手段。

（4）语法翻译法重视词汇和语法知识的系统传授，它有利于学习者语言知识的巩固，有利于打好语言基础，更方便于教师的教学安排。人们甚至将语法规则比喻成房子的结构，词汇是盖房的砖，只要将这两者相融合，即掌握了该语言。

（5）语法翻译法强调对书面语的分析，着重原文的学习，这样有利于学习者对目的语的深入理解和掌握。

语法翻译法的不足体现在以下几个方面：

（1）语法翻译法不重视听说能力，在教学里没有抓住语言的本质；忽视语音和语调的教学。由于听说得不到应有的训练，学生虽然能够具备比较好的语言基础，熟知语法规则，但他们的口语表达能力较弱，口语交流的意识不强，往往在实际工作交流活动中不能有效发挥所学语言知识的作用。

（2）语法翻译法过分强调翻译，单纯通过翻译手段教英语。这样，容易使学生养成用英语时依靠翻译的习惯，不利于培养学生用英语进行交际的能力；

（3）过分强调语法在教学里的作用。语法的讲解从定义出发，脱离学生的实际需要和语言水平。教学过程比较机械，不易引起学生的兴趣。教师容易陷入单方讲解中，忽视了学习者的实践。

（4）过于重视语言知识的传授，忽视语言技能的培养。

总之，语法翻译法以语法教学为中心，能较好地培养学生分析语言现象的能力，有助于训练学生的阅读和翻译书面文献的能力，但对培养言语交际能力的作用较小，学生的语言使用能力普遍较弱，过于追求语法的精确性，忽视了学生的语言创造能力，不能充分发挥语言学习者语言学习的主观能动性。

语法翻译法由于简单且便于使用，因此适应性较广。尽管受到了极大的挑战和批评，它至今仍为许多英语教师在实际工作中所采用，为英语教学提供很多可以借鉴的东西。

第三节　情境法

在英语教学的过程中，情境法主要是根据学生在英语学习过程中的心理特征、年龄特点进行针对性的教学，在英语教学的过程中针对性指出反映论的具体认知规律，同时在英语教学过程中结合相应的教学内容，有效地应用形象内容来对英语教学情境进行创设。这样能够让较为抽象的英语教学语言成为生动的可视英语语言。通过情境英语教学方法来让学生在学习英语课程的过程中更加深刻地了解英语思维、英语口语以及英语感知。根据实际的情境英语教学方法来分析，情境英语教学方法的主要特点如下：能够有效地融合语言、行动及创设的情境，让英语教学更加直观、更加具有趣味性、科学性。

一、情境教学的概念内涵

情境教学就是运用具体生动的场景，以激起学生主动的学习兴趣、提高学习效率的一种教学方法。情境教学是指创设含有真实事件或真实问题的情境，学生在探究事件或解决问题的过程中自主地理解知识建构意义。情境教学是从教学的需要出发，教师根据教材创设以形象为主体，富有感情色彩的具体场景或氛围，以激起和吸引学生主动学习，从而达到最佳教学效果的一种教学方法。情境教学是创设典型场景，激起学生热烈的情绪，把情感活动和认知活动结合起来的一种教学模式。所谓情境教学，指的是在教学过程中为了达到既定的教学目的，从教学需要出发，制造或创设与教学内容相适应的场景或氛围，引起学生的情感体验，帮助学生迅速而正确地理解教学内容，促进他们的心理机能全面和谐发展。简单地说，情境教学就是指在教师人为"创设"的"情境"（有情之境）中所进行的教学。

情境教学使用的"情境"概念，内涵丰富，它是这一教学系统的中心概念。它不但用在教学的起始阶段，而且还辐射、贯穿于整个教育教学过程；情境教学不但指外部环境，而且指主体的内部环境，整合成为心理场；情境教学不但在教室里创设情境，还可以带学生到大自然、到社会大课堂中去，让学生在现实场景中感受、体验、思考。

情境教学的概念表述尽管不同，但都把"情境"作为情境教学的出发点和切入点。从学科教学的角度来看，"情境"实际上就是一种以情感调节为手段，以学生的生活实际为基础，以促进学生主动参与、整体发展为目的的优化了的学科教学与生活环境。情境教学的核心是情境。情境教学还将情境贯穿教学过程的始终，强调凭借情境促进学生的整体发展，将人文学科的字词句篇、科学学科的定理公式融入具体生动的情境中，融知识性、育人性、发展性于一体。简言之，情境教学中的情境是多元、多构、多功能的。

应该特别指出的是，英语情境教学中情境的创设不是目的，而是实现教学目标的手段；情境是为教学目的、教育目标服务的。

二、大学英语情境教学的认知理论

"情境"已是当代文化思潮和前沿科学讨论的热门话题。"情境教学"在教育教学领域也自然成了备受关注的课题。任何一次教育教学变革都离不开一定的理论支撑。当代脑科学的研究成果以及情境认知学习理论与建构主义学习理论的研究成果为大学英语情境教学设计提供了理论依据。

（一）脑科学成果对大学英语情境教学的支持

根据脑科学的相关研究，人的大脑的左、右两个半球是各有分工的，左半球主要负责逻辑思维及语言活动，右半球主要负责知觉、想象与情感活动等。在传统的教学中，无论是教师的讲解分析，还是学生对知识的背诵记忆或单项练习，所调动的主要是负责逻辑的大脑左半球的活动。在情境教学中，教师设计的各种"情境"对学生来说，是各种新鲜的刺激信号，这些信号不断激活学生大脑皮质的"语言"和"形象"等功能脑区。感受的时候，学生的大脑的右半球兴奋；表达的时候，学生的大脑的左半球兴奋。这样，大脑的两个半球交替兴奋或同时兴奋，能够使学生的学习更加轻松愉快。

情境教学并不是简单的语义学习，而是引发学生在丰富生动的"场境"中学习，并伴随着学生审美能力的发展与道德水平提升。学生所从事的认知活动、审美与道德判断活动基于脑的深层结构，也就是"颞叶—顶叶—枕叶"的协同工作。因此，情境教学比传统教学能够获得更加良好的教学效果。大学英语教学应充分利用影像、图形、声音等媒介，创设英语学习的情境，激发学生右脑半球的功能，调动学生学习英语的积极性与主动性。

（二）当代学习理论对大学英语情境教学的支持

学习英语的终极目的是能够以英语为工具实现沟通交际的目的。母语的习得是与意义建构相统一的，因此，中国学生在学习英语时，母语所起到的负迁移作用往往源自认知错误，学生将母语概念建构模式复制到英语概念的建构模式。英语教学的根本目的应该是教会学生用英语来表达，这一目的的实现离不开运用英语的情境。

情境认知理论认为，学习就是合法地参与实践共同体，是基于共同体社会协商建构知识的过程。知识不是一件事情、一组表征，也不是规则与事实的集合，而是一种动态的建构。知识是个体与环境通过交互活动而实现的建构，是人类协调的系列行为，是人类适应环境动态发展的一种能力。知识具有情境性，是活动、背景与文化产品的重要组成部分；知识基于情境，并在行动中不断发展，人的认知是有意识与无意识心理活动的统一，是理性与情感的统一。著名哲学家、教育家舍恩（Donald Schon）指出，当今的大学教学人为地剥夺学生学习与生活的联系，造成了理论学习与社会实践的分离。要改变这种现状，就要将学生的学习活动镶嵌于具体的教学情境之中，为学生的理论学习找到通往生活经验的"中介"。这就要求大学英语教学设计要以学生的诉求为中心，教学内容与教学活动的安排要与学生的生活实际及专业实践的需要相联系。通过情境教学，把英语知识的建构与学生能力的发展以及学生身份的形成等统领起来。

对当代教学改革影响较大的建构主义学习理论也主张学习与情境相互联系。学习不是把知识作为内在的表征，而是把知识视为个人和社会或物理情境之间联系的属性以及互动的产物。建构主义学习理论强调学习情境对于意义的建构具有支撑作用，因此，情境的创设是教学设计的重要内容。学习情境要与真实情境相互结合，由于真实情境是生动的、具体的，学生在真实世界的情境中，借助于社会性的交往，利用有效的学习资源，能够有效建构知识，重组知识结构。建构主义学习理论对大学英语教学的启示是：教师在英语教学中应创设良好的学习环境，帮助学生有效地建构英语知识。教师应充分利用生动、形象和具体的情境，引导学生在自身体验中应用英语语言知识，提高英语应用的能力。教师在英语教学过程中，应将言、行、情融为一体，使英语教学更具直观性、趣味性与科学性，使学生的智力因素与非智力因素能够获得和谐发展，并充分调动学生学习英语的激情，培养学生的学习兴趣。

三、大学英语情境教学的实施原则

当代教学理论主张教师应成为学生学习的促进者。高校英语教师理应顺应时代的需求，转变传统的教育教学观念，为学生的有效知识建构创设条件。具体来说，就是要通过丰富多样的教学情境创设，使学生能够在具体的语言情境中，达到对英语知识的记忆与保存、理解与应用以及评价与迁移。在具体的教学设计实践中，大学英语教师应遵循如下基本原则：

（一）主体性原则

英语情境教学的设计应该克服传统英语教学注重理论知识的强硬灌输、强调死记硬背的教学方法。教师应借助现代教育技术手段，通过良好情境的创设及教师的语言调节，拉近师生之间、生生之间、师生与教学内容之间的距离；激发学生的学习热情，充分保证每个学生能够主动参与、主动投入、主动发展；通过角色扮演，利用角色的效应，增强学生学习英语的主体意识。大学生已经具备了一定的英语知识基础，具备了一定的自主学习的能力，他们不仅具有自主设计教学情境的渴望，也具备自主设计英语教学情境的能力。教师在进行教学设计时，应该根据学生已有的知识基础，满足学生自主学习的需要，鼓励学生大胆设计教学情境。其设计教学情境符合学生学习英语的实际需要，教学效果会更加突出。

（二）交互性原则

大学英语教学要充分体现语言教学的交际性，根据大学生的实际，创设情境，通过大量语言实践，培养学生运用语言知识与技能进行英语交际的能力。教师应鼓励学生大胆地使用英语，为学生创造尽可能多的语言实践机会，为师生、生生充分地运用英语进行互动交流提供更多的时间与空间。语言就是交流的工具与媒介，英语教学就是要通过情境创设促进多维主体之间的对话与交流，实现大学英语教学的目的。教师要为学生的对话与交流创设更多的机会，使学生通过看、听、说等行动，体验、感知、领悟知识的真谛，从而感受成功，生成积极的学习态度。只有这样，教师的行为才能产生足够的教育意义，教师必须站在与学生的关系之中，来选择合理的教育行动，由此而形成教师向着学生的实践姿态。教师在进行教学设计时，应注重在教学过程中如何创设情境，促成民主、和谐、平等的师生关系。

（三）探究性原则

现代认知理论认为，认知不能脱离具体的身体，认知对有机体的物理属性具有依赖作用，人的身体在认知过程中起到了非常关键的作用。也就是说，身体的物理属性对认知的内容具有直接的塑造作用。这就要求学生的学习方式应该发生根本性转变，实现传统的接受型学习向探究型学习的转变。为了激发学生的探究，教师在教学过程中要创设类似于科学家研究的情境与途径，让学生在教师的指导下，选择与其学习与生活相关的主题，去探研、去表现、去体悟、去发现、去创造。探究型学习能够促进学生搜集信息、处理信息以及分析问题与解决问题的能力的生成。

（四）体验性原则

体验是学生积极参加学习活动时所获得的直接情感感悟。体验使学习进入学生的生命域，知识的学习不仅仅是学生认知发展的过程、理性生成的过程，也是学生情感不断丰富、人格不断完善的过程。传统教学的弊病之一就是过分强调知识与能力方面的教学结果，忽视学生学习过程的有效性。在大学英语教学过程中，教师应该创设教学情境，引导学生积极参与，不仅要激励学生用自己的脑子思考，还要激励学生用耳朵听，用眼睛看，用嘴说，也就是亲身经历，去感悟英语知识的作用与价值。

四、大学英语情境教学的设计实践

大学英语情境教学设计的目的就是要使学生能够自然而然地融入英语学习的情境之中，并亲身感受到学习英语的轻松与快乐。受传统教育思想的影响，部分大学教师缺少对大学英语教学设计的研究，一般按照教科书章节的顺序讲解，学生在课堂上习惯于记笔记、记单词、读课文，这种缺少情境支撑的课堂很难培养学生听、说、读、写、译等方面的语言交往能力。在教育教学实践中，为了激发学生学习英语的动机、提升学生参与英语学习的效能、发展学生应用英语的能力，在问题情境的设计、互动情境的创设和经验情境的营造等方面进行了尝试。

（一）设计问题情境，激发学生学习英语的动机

教学目标是激发学生学习兴趣的原动力，问题则是教学目标的有效表达方式。教学目标设计专家布卢姆（B.S.Btoom）从认知、情感与动作技能三个维度对教学目标进行了设计。在教学实践中，为激发学生学习的兴趣，依据教学目标的这三个维度，既要设计认知问题的情境和动作技能问题的情境，更应设计情感、态度问题方面的情境。学生学习的情感、态度问题情境的设计虽然较难，但学生的学习情绪也是可以预见的，可以从学习过程中的线性因果规律中去把握。

教学设计只要充分地把握教学原理，珍视教育现场中可能出现的良性现象，并由此拓展出去，就能获得确定的教学效果。过于重视教师讲授的"告诉式"课堂，切断了教学内容与周围世界的联系，舍弃了教学内容的情境，背离了学生建构知识应该遵循的规律，学生学习的积极性很难调动，这是大学课堂"低头族"群体日益庞大的主要原因。在教学过程中，由于教学内容的变化、学习者个体的差异性、师生情绪的不稳定性以及教学对话的碰撞与冲突，教师会瞬间产生反思，学生会即时产生惊讶、困惑与顿悟等。这种变化中的教学过程必然是动态的。大学生的英语学习过程是动态的认知过程，也是情感的生成过程。教师在进行教学设计时，既应该遵循大学生的认知规律，又应该关注大学生情感生成的特点，做到认知与情感的结合。

（二）创设互动情境，提升学生参与英语学习的效能

师生、学生间的多维对话是教学的本质，没有对话就没有教学。在教学对话活动中，不仅涉及科学的行为选择，更处处充满着艺术的直觉。教学要达到艺术境界是需要条件的。如何达到艺术境界？需要教师努力去创造这些条件。大学英语教学应当充分利用音乐、图画、角色扮演、戏剧视频、形象语言等艺术手段，创设互动情境，激发学生的学习激情，引导学生积极参与到课堂学习中去。艺术具有唤情的功能，既可以唤起人的内在情感潜能，也能满足人的情感需要。大学英语课可以充分利用教材内容，引导学生编写剧本并进行角色扮演；可以运用多媒体技术设计伴有图画、音乐的生动课件，激发学生的学习兴趣；也可以利用生动的、形象的语言，将学生领进想象的境界。

教材是教学的主要依据，但必须经过教学设计才能实施，以"章、节"为表现形式的教材文本才能转化为具有情境支撑的对话文本，从而进入教学域。为培养学生应用语言的能力，教师可以要求学生对教学内容的结构与人物进行分析，并将教材文本改写成对话性剧本，当堂分角色表演；也可以为学生创设一个真实的情境，引导学生创作剧本并分角色表演。

多媒体教学的使用，能为学生提供直观、丰富与真实的语言材料。在进行多媒体的设计与开发时，高度重视情境的建构与拓展，诸如运用视频资源介绍外国的历史、文化、风土人情等，运用因特网的全渠道交互功能及语音信箱等，引导

学生进行交流与讨论。

知识只有通过运用，才有可能使外化的知识内化为学习者的知识，才可能使学习者的经验得以增生。英语教学十分重视对大学生听、说、读、写、译等语言应用能力的培养。在教学准备中，总要认真反复听录音，反复研读教材，反复朗读，读出美感，读出激情，读出意境。这样，教师才能在课堂教学中发挥出语言的情境性作用，将学生领进语言运用的境界。

（三）营造经验情境，培养学生应用英语的能力

知识是基于一定的情境生成的。当创设的学习情境与学生带入的生活经验及已习得的文本知识相关联时，学生的创造性思维就易被激活，其同情、友善、分享等道德体验亦能同时获得。因此，在进行大学英语情境教学创设时，首先要有意识地联系学生的生活实际，通过情境使学生的知识得到整合，使知识镶嵌于生动的情境之中。这样，学生习得的知识就是有背景的，是相互联系的，是可体验、可感悟与可迁移的，而不是僵化、暗淡与惰性的。

在教学实践中，首先，要尽可能地运用实物、图片、道具等将教学内容融入形象直观的教学情境之中，激发学生的想象力，调动学生学习英语的积极性，让他们意识到所学的知识在现实生活中的意义与价值；其次，要密切关注社会的热点话题，从社会关注的热点中选取与教学内容相关的、生动形象的案例，通过生动的案例情境，使抽象知识具体化、形象化与意义化，学生唤醒自己的经验，体悟到运用语言的价值。课堂上，教师可利用视频或系列微课，让学生体验当前全球化背景下文化冲击的现象及其造成的困扰，同时深挖造成文化冲击的原因，分析指出应对文化冲击的策略。课后，教师可以要求学生进行拓展性学习，如更多地了解异国文化、习俗以及跨文化交际的方法等；再次，可以通过英语游戏、英语竞赛和英语演讲等实践活动，创设轻松和谐的课堂学习环境，为学生提供更多的使用英语语言的机会。学生亲身参与实践活动，能够有效建构自己在课堂学习中的身份，通过置身于真实的学习情境，能够把自己的情感全身心投入到学习之中，实现教学的共鸣。另外，在大学英语情境教学设计中，还要有意识地设计学生感兴趣的小组活动情境，如参加同学生日聚会、参与国际学术会议、组织一次文娱晚会等，让学生在这些活动中都有发言、表现、交流与评价的机会。通过这

种小组活动的创设，满足学生用英语交流的渴望，激发学生的兴趣。

大学英语教学的责任就是要培养大学生运用英语的基本能力，语言的运用离不开一定的情境支撑。大学教师应该改变传统的"教师讲，学生听"的单向式知识传播的教学模式，改变教学观念，充分利用多种教学手段创设情境，提高大学生学习英语的积极性，使英语课堂成为学生智慧生成与关系建构的场域。

第四节　听说法和认知法

一、听说法

20世纪40年代以后，各国对英语的需求日益增长，随着心理学、语言学的发展，英语教学手段和设备的革新，对英语教学法的研究和实验工作都在开展，出现了很多新的英语教学法。听说法便是新兴起的一种英语教学法。

听说法是与语言学理论联系最明显、最直接的一种教学方法。听说法的理论基础是结构主义语言学，其心理学基础是行为主义。在结构主义语言学家看来，语言是高度结构化的体系，但人们进行言语活动时只知道说什么，并没有意识到自己说话中的语言结构。这些语言结构由于掌握到了自动化的程度，说话时可以不自觉地运用。因此，学习英语就应该达到不自觉地运用语言结构的程度，成为一种新习惯。这种习惯的养成需要反复的模仿、操练和实践。因此，听说法主张模仿、操练语言结构，达到能够不自觉地运用这些结构的程度。结构主义语言学家把句子的研究提高到了重要的地位，提出了基本句型以及句子的扩展、转换等概念，进一步充实了这一种理论的语言教学，为听说法解决了语言教学上的重要障碍。

听说法遵循以下教学原则：

（1）语言是说的话，不是写出来的文字，语言都是有声的。学习英语，不论学习的目的是什么，都必须先学听和说，在听和说的基础上才能有效地学习读和写，即先听说，后读写，听说是重点和基础，这个顺序在英语教学里是必须遵循的。

（2）语言是一套结构，许多语言的结构是通过各种句型得到体现的，因此，要掌握一种语言，首先要掌握该语言的各种句型，特别是常用句型。按句型进行操练是使学生学好英语的捷径。学习语言就是学习它的结构，结构的全部内容都"尽在句型之中"，掌握了全部句型也就掌握了语言的结构，也就掌握了语言。

（3）语言是一种表达习惯，习惯的形成需要多次的刺激和反应。语言教学中，应该教语言本身，而不是教有关语言的知识。教语言是教人学习语言而不是认识语言。英语教学是培养学生运用英语的语言习惯。根据行为主义心理学的刺激与反应的学说，培养语言习惯要靠反复操练，语言知识和理解力在这里起不了多大的作用。

（4）语言是本族人所说的话而不是某人认为他们应该说的话（描写观察到的语言现象、自然语言是什么样子，就教什么语言）。

（5）世界上的各种语言是不同的。每种语言都有其特点，特别是在句子结构上各有特点。在编写教材时，必须将英语和学生的本族语言进行对比，找出其相同和相异的地方，在这个基础上有针对性地编写教材，才能编写出适合本国学生学习的英语教材。此外，对比两种语言结构可以帮助确定教学的难点和重点原则，使操练更有针对性。

（6）有错必纠、及时纠错。根据行为主义心理学理论，英语学习是机械的习惯形成过程，习惯的形成要靠大量的正确的模仿和操练，尽可能杜绝错误的模仿和操练，习惯一旦形成，便难以更改。语言既然是一种表达习惯，那么语言错误如果听任不纠必形成有害的习惯，等到以后就难以纠正。因此当它还没有形成习惯之前，教师一经发现，必须立即纠正。

（7）限制使用母语。既然英语运用是一种习惯，那么只有通过英语本身的大量句型操练才能有效形成。听说法重视培养学生用英语进行思维。用翻译进行教学会阻碍学生用英语进行思维，对学习英语十分不利。

由于听说法遵循不同的教学原则，不把语法分析和阅读能力作为教学目标，而主张以口语能力的培养作为主要目标，因此与直接法相比，听说法在课堂教学程序具体施教方法、教材呈现形式、测试等方面都有所改变。听说法把教学目标分为近期目标和远期目标。近期目标包括掌握语音、词汇、语法结构，并理解语言材料的准确含义。远期目标要求学生可以熟练准确地使用英语。为了达到上述目标，听说法在课堂教学中调整为以下几条具体施教原则：

（1）在学生入门阶段，教学重点放在口语技能上。随着学习的深入，逐渐将口语技能与其他各项技能联系起来。

（2）口语技能是指在人际交往中，使用标准的发音、正确的语法概念、迅速做出反应的能力。

（3）语音、词汇、语法和听力的教学目的均在于发展学生的口语流利程度。

（4）阅读与写作技能的教学必须在优先发展口语技能的前提下考虑。

听说法主张的教学程序大致可以分成三种：第一种教学程序将教学过程分成两个阶段：一是理解阶段，占课堂教学时间的15%；二是运用阶段，占课堂教学的85%。第二种教学程序把教学过程分成口授语言材料阶段、模仿阶段、最小对立体练习阶段、句型练习阶段、师生对话阶段、读写操练阶段。第三种教学程序是听说法五段学说，即认识、模仿、重复、交换、选择五个阶段。

听说法的长处主要是能在较短的时间内培养学生初级的英语口语能力和快速反应的能力，打下实际掌握一种新语言的基础，比较适合英语短训班之用。

听说法不注重语法教学，教学中根本不提语法的条条框框的问题，认为这些规则无助于形成新的语言习惯。语言习惯的形成主要靠反复地练习。母语习惯的形成既是如此，英语习惯的形成也不例外。书本上的语法规则不必学，也无须在事前先学，事后也不一定学，因为学习语言就是学习它的结构，掌握了全部句型也就掌握了语言的结构，也就掌握了语言。另外听说法根本不承认有什么"语法规则"，听说法派的哲学指导思想是经验论，他们只相信来自实践的经验，十分轻视理性，即指语法规则。此外，听说法只重机械训练，这就等于否认了人的认识能力和智力在英语学习中的作用，因此听说法不注意发挥学习者的主观能动性。听说法只重语言的形式方面，而忽视语言的内容和意义方面。由于没有语法分析的能力，所以在碰到结构复杂的语句时，学生往往凭猜想，因此常有不正确的理解。由于学生缺乏语法知识，因此缺乏连贯而准确地表达自己思想的能力，由于课文和练习都是为"句型操练"而设置，所以在不同程度上脱离真正的交际实际，脱离真实的语境，课文和对话多半是缺乏中心内容，是由不完整的句子堆砌而成，学生学习起来枯燥乏味，到真正的交际场合，往往不能立即得体地运用所学到的语言。

二、认知法

认知法也被称为"认知符号法"。听说法从结构主义语言学和行为主义心理学的指导思想出发，把英语教学过程机械化，把语言教学的内容形式化，学生成了被动接受"刺激"的消极对象，这里缺少智能的培养，忽略了学生的主体性和主动学习能力的培养。认知法强调人能够进行感知、记忆、分析、综合、判断、推理等一系列智能活动。听说法反对讲语法，对语言的认识是无理性的，是单纯地"反应"，结果使得学生阅读能力差、独立工作能力差、连贯言语能力差。认知法强调语法理论知识的重要性，甚至有人说认知法是修改后的语法翻译法。

认知法的语言学理论基础是乔姆斯基的转换生成语法规则。乔姆斯基认为，人的语言能力是与生俱来的，绝不是靠出生之后几年与外界接触而获得的。就是说，大脑结构起的作用是决定性的，外界条件（与一种语言的接触）只是激活了习得语言的机制而已。转换生成语法理论对听说法理论基础进行了彻底清算。乔姆斯基对听说法的结构主义语言学和行为主义心理学理论基础进行了全面批判，并提出语言不是一个习惯结构，而是一个生成转换结构；人脑中有一种先天的语言习得机制，学习者通过语言规则可以创生许多新语言；语言能力决定语言行为。乔姆斯基认为，语言是一种受规则支配的系统。因此，学习语言不是单纯模仿、记忆的过程，而是一种创造性的活动，是用"有限的规则和材料生成无限句子"。这种观点认为语法可使人"生成出无限的、以前没有听见（或看见）过的、合乎语法的句子"，使人"听（看）懂以前从未听（看）见过的句子，并判断出其语法上是否正确"。语言是人类先天所具有的能力，是人生下来大脑中就固有的能力，即主张语言学习"天赋观念论"。认知法在语言学习"天赋观念论"的基础上形成。

认知法以认知心理学为理论依据，重视感知、理解、逻辑思维等智力活动在获取知识过程中的积极作用，强调对语言规则的理解，重视语言教学中母语与英语的交叉对比作用，着眼于培养学生实际运用英语的语言综合能力。认知法的心理学理论基础之一是瑞士心理学家皮亚杰于20世纪60年代创立的"发生认识论"，其研究的主要内容是：知识是怎样通过人们的思维和心理活动最终形成和发展的。皮亚杰认为，掌握新知识是一种智力（或智慧）活动，这种活动含有一定的认知结构，而不是行为主义心理学"刺激—反应"论所能完成的。他认为人类不同于动物，人是有智慧的。无论是接受刺激，还是对刺激做出反应，都是受认知结构所支配的，其内在动因是认知的源泉，从而提出了一定的刺激，被个体同化，并置于认识结构之中，才能对刺激做出反应。离开了这种认识活动，人既不能很好地调整和融洽个体与自然界的关系，最终也不能获取任何知识和技能。每一种智力活动都具有一定的认知结构。他提出的认知发生论强调人类活动相互作用的特性，他把人的活动看成是具有智慧的人调整个体与自然界的关系的行为。

认知法的另一心理学基础是心理学家杰罗姆·西摩·布鲁纳（Jerome Seymour Bruner）的基本结构和发现理论。布鲁纳认为，学习是一个认知过程，是学习者主动地形成认知结构的过程。布鲁纳的认知学习理论是建立在对人类学习进行研究的基础上的，所谈的认知是抽象思维水平上的认知。其基本观点主要表现在下面三个方面：

（一）学习是主动地形成认知结构的过程

人是积极主动地选择知识的，是记住认识和改造知识的学习者，而不是被动的接受者。布鲁纳认为，学习是在原有认知结构的基础上产生的，不管采取的形式怎样，个人的学习都是通过把新得到的信息和原有的认知结构联系起来，去积极地建构新的认知结构的。布鲁纳认为学习包括三种几乎同时发生的过程：新知识的获得、知识的转化、知识的评价。这三个过程实际上就是学习者主动地建构新认知结构的过程。

（二）强调对学科的基本结构的学习

布鲁纳认为，所有的知识都是一种具有层次的结构，这种具有层次结构性的知识可以通过一个人发展的编码体系或结构体系（认知结构）而表现出来。因此，他非常重视课程的设置和教材建设，无论教师选教什么学科，务必使学生理解学科的基本结构，即概括化了的基本原理或思想，也就是要求学生以有意义的联系起来的方式去理解事物的结构。如果把一门学科的基本原理弄通了，则有关这门学科的特殊课题也不难理解了。布鲁纳认为，教学的真正目的是使学生能在某种程度上获得一套概括了的基本思想或原理。这些基本思想、原理，对学生来说构成了一种最佳的知识结构。知识的概括水平越高，知识就越容易被理解和迁移。

（三）主动发现形成认知结构

教学一方面要考虑人的已有的知识结构、教材结构，另一方面要重视人的主动性和学习的内在动机。他提倡发现学习法，以便使学生更有兴趣、更有自信地主动学习。发现法的特点是关心学习过程胜于关心学习结果。具体知识、原理、规律等让学习者自己去探索、去发现，这样学生便积极主动地参加到学习过程中去。布鲁纳认为发现学习的作用有以下几点：①提高智慧的潜力；②使外来动因变成内在动机；③学会发现；④有助于对所学材料保持记忆。

约翰·卡鲁尔教授于1964年首先提出了认知法，他认为第二语言是一种知识的整体，英语教学主要是通过对它的各种语音、词汇和语法形式的学习和分析，从而对这些形式获得有意识的控制的过程。语言的运用能力将会随着语言在有意义的情景中的使用而得到发展。认知法学习理论主张学习句型要理解句子结构，在理解的基础上进行操练。此外，认知法主张进行有意义的学习。卡鲁尔提出的理解先于操练的认知法与奥苏贝尔的有意义学习理论如出一辙。奥苏贝尔在《教育心理学：一种认知观》一书中表述了有意义学习理论。他认为学生学习的内容是人类积累下来经过反复加工组织的以符号和语言表述出来的科学文化知识。为了找出有效的学习知识的方式，奥苏贝尔根据两种不同的标准把学生的学习分成两类。第一种分类将学习分为"发现学习"和"接受学习"。发现学习是学生通过自己再发现知识形成的步骤而获取知识，并发展探究性思维的一种学习方式；接受学习指学生理解教师呈现的学习内容，并将这些内容组织到已有的认知结构中去，以便将来可以运用它或把它再现出来的学习。第二种分类将学习分为"机械学习"和"意义学习"。机械学习，即不加理解、反复背诵的学习，亦即对学习材料只进行机械识记，不理解学习内容的学习。意义学习，即理解知识的内在联系之后的学习。有意义学习比机械学习的功效大得多。在有意义学习中，学习者能够将有潜在意义的材料同自己的认知结构中已有的观念建立联系，与此同时，学习者把自己有效的知识作为理解接收和固定新知识的基础，学习材料被同化到学习者认知结构的相应部分中去，获取新的意义。这样，学习者既容易获得知识，而且习得的知识也更容易保持。有意义学习通过把新知识与学习者认知结构联系起来，克服了学习者在学习过程中信息加工和存储的机械性。

认知法以认知心理、转换生成语法理论、有意义学习理论作为其理论基础，在批评总结以往教学法，尤其是在听说法的基础上，形成了以下教学原则：

第一，以学生为中心。认知法研究的是中学生以上的成年人在自己国家的环境中学习英语。它认为，在英语教学中学习者的内在学习因素起着决定性的作用。因此，教学应以学生为中心，课堂教学要以学生的实际操练为主，最大限度地调动学生的积极性。同时，认知法还认为，由于课堂教学的时间有限，学生必须有计划、有目的地进行课外自主学习。教师在课堂上除去帮助学生掌握英语知识、培养学生用语言的基本能力之外，更重要的是教给学生科学的自学方法和培养学生的自学能力。

第二，在理解语言知识和规则的基础上操练英语，强调有意义的学习和有意义的操练。认知法认为，学习英语不仅是一种养成习惯的过程，而且是一套须遵循语言自身规律的受规则所支配的创造性活动。人类学习语言的过程，就是掌握规则的过程，学生只有在理解和掌握这套规则的基础上才能进行言语活动。掌握规则的途径，一是发现规则；二是创造性地运用规则。发现规则是基础，但更重要的是培养学生创造性地运用规则的能力。所以，认知法在进行中重视语法规则的理解，在理解规则的基础上进行语言活动，进行英语的言语操练活动，并坚持这种言语操练活动应贯穿于整个语言教学之中，而非简单地反复模仿和进行机械记忆。

第三，听、说、读、写、译齐头并进，全面发展。认知法在处理听、说、读、写、译关系上主张在学习语言的同时让学生学习文字，认为对成年人来说，学习英语最好的途径是通过多感觉器官（如眼、耳等）同时或相继地综合运用，单纯依靠声音学习语言是不会收到良好的学习效果的。因此，认知法主张英语教学一开始就进行读、说、读、写、译的全面训练。认知法追求的英语教学目标是培养学生实际而全面地运用英语的能力。

第四，利用母语与英语的对比分析进行教学。各种语言的语法具有一定的普遍性和共同性，因此，应该有意识地、恰当地利用母语与英语进行对比分析，引导学生正确地进行语言信息的形式转移。认知法认为母语是学生已有的语言经验，这应作为学生学习英语的基础。

第五，对错误进行分析后加以纠正。认知法将语言的学习看作是按"假设—验证—纠正"的过程。在这个过程中，学生出现错误在所难免，教师要对学生的错误进行分析，了解学生产生错误的原因，有针对性地进行纠正，逐步培养学生正确运用语言的能力。对那些因疏忽、不熟练而产生的错误，仅做一些指点，而非见错就纠，否则会使学生出现怕出错的紧张感，造成心理压力。少纠正比过多纠正好；事后指出或提醒比当场训斥好。其目的是不伤害学生的积极性，不给他们造成心理障碍。

第六，广泛利用直观教具和电化教学手段，使英语教学情景化、交际化。这有助于创造英语环境，增加学生使用和参与英语活动的机会，进而使英语教学活动得以强化。同时，通过多媒体、网络和语言实验室等现代化手段进行英语教学，可以增强课堂的教学信息容量，使学生的自主学习在课堂上得以实现。

认知法把英语教学程序分为三个阶段：

第一，语言理解阶段：在认知法看来，所谓理解，就是让学生理解教师讲授的和提供的语言操练和语言规则的意义、构成和用法。认知法之所以把理解作为英语教学的第一阶段，是因为理解是学生从事言语活动的基础，学生的一切语言操练都应该建立在理解上，如句型的操练听、说、读、写、译各项能力的培养等。应该注意的是，语言规则的理解并非依赖教师的讲解，而是在教师指导下让学生发现语言规则。

第二，培养语言能力阶段：认知法认为，人不分种族、民族、性别、智力，都与生俱有习得语言的才能和潜能。英语的学习不仅需要语言知识、结构的掌握，还要有正确使用语言的能力。英语语言能力的培养要通过有意识、有组织的练习获得。这个阶段既要检查学生对语言知识的理解情况，又要培养学生运用语言知识的能力。

第三，语言运用阶段：这个阶段的教学任务是培养学生运用语言知识进行听、说、读、写、译的能力，尤其重视学生的实际交际能力，即注意对学生在脱离课文后的创造性语言交际能力的培养。因此，进行课文以外的专门的语言交际能力的训练显得十分重要。这类训练的方式有以下几种：多种形式的交谈、专题讨论、连贯对话、多种形式的自我叙述、口头作文或专题发言、多种形式的学生的笔头记述、场景游戏中角色的扮演、笔头作文、口头或笔头翻译等。这些训练，关键在于营造一个积极的语言小环境，调动和激活每个学生的兴趣和参与意识。这个阶段将前两个阶段学得的语言知识内容与实际运用能力结合起来，目的在于使学生听、说、读、写、译各个方面的能力都得到发展。

从以上介绍中，我们可以清晰地看出认知法重视语法教学和语法在学习语言中的作用，强调语法理论知识的重要性。认知法将学习英语看作是掌握语言规则，而不是去形成一整套言语习惯。教师的首要任务是要在学生认知结构中建立语法规则的体系，在理解掌握语法规则的基础上，通过逻辑推理，创造性地运用语法规则。在语法知识的教学上，认知法依据奥苏贝尔提倡的类属学习，主张采用演绎法讲解。认知法重视语法规则的理解，把语法从死记教条、定义改造成实际掌握和使用语言，把语法同语言使用结合起来；精选语法中有助于实际掌握语言的规则教给学生，使其学了就用，避免孤立的死记硬背。

第五节 全身反应法与任务法

一、全身反应法

（一）全身反应法的背景

20世纪60年代中期，全身反应法（简称TPR）由美国加利福尼亚州圣约瑟州立大学心理学教授詹姆士·阿歇尔（James Asher）首创，并盛行于20世纪70年代。TPR，顾名思义是通过全身动作反应学习语言的一种方法，即通过全部身体动作与所学语言相联系教学其他语言。TPR主要根据大脑两半球侧化理论组织语言教学。右脑主管形象思维，左脑主司逻辑思维，并强调左、右半脑互动、协调发展。语言教学需在形象思维的基础上进行逻辑思维活动，并在特定的情景中进行第二语言教学。正由于TPR强调运用祈使句语言配合动作使学习动起来，所以TPR也被称作"语言动起来"教学法；又由于TPR提倡听力理解领先于说的发展，所以它属于领悟、理解教学法范畴。

全身反应教学法源于直接法、情景法、听说法，并与它们的理论与实践相关。领会、理解全身反应法及其几个主要观点有：

（1）语言学习，理解能力先于表达能力。

（2）在理解能力的基础上进行说的表达能力训练。

（3）通过听力训练，能转换获得其他言语技能。

（4）英语教学的重点是语言意义，而非语言形式。

（5）尽量减轻学生学习的心理压力。

在语言教学起始阶段，教学的重点放在行为与领会、理解语言之间的联系上。这种行为与语言相结合的教学法其理论基础建立在心理学、语言学上，尤其是记忆痕迹理论、大脑两半球侧化理论、发展心理学和人本主义心理学的基础之上。

（二）全身反应法的理论基础

全身反应法主要以心理学和语言学（尤以发展心理学、大脑两半球侧化和人本主义心理学）的理论为其理论基础。

1.全身反应法的心理学理论基础

（1）记忆痕迹理论

心理学中的记忆痕迹理论认为，记忆愈经常、愈强烈，则联想与回忆越快捷和容易。记忆可以通过口头完成，也可以和肢体动作活动相联系。结合痕迹活动，例如伴随着肢体动作活动的练习，可以提高成功回忆的效益。

（2）言语发展心理学

从发展心理学的角度出发，人们习得第一语言（母语）和学习或习得第二语言的过程是平行前进的。因此，人们学习或习得第二语言的过程须反映习得第一语言（母语）的过程。

（2）大脑左、右两半球侧化理论

大脑左、右两半球侧化理论认为，左脑半球主管语言、数学计算等逻辑思维，而右脑半球则主司动作、音乐、图像等形象思维。传统的英语教学观点认为，英语学习大多用的是大脑左半球的功能，因为英语词语直接与逻辑思维的左半脑联系，TPR先直接与动作、图像、音乐形象思维的右脑半球联系，然后通过形象思维再与语言理解逻辑思维相连接。

（4）减轻心理压力

人本主义心理学对TPR起了重要的推动作用。它对人的心理情感意志、需要层级价值取向、潜能和创造才能等方面有独到理念，直接影响到当时蓬勃发展的TPR的英语教育教学改革。人本主义心理学关于降低学生学习心理压力的观点，有利于掌握语言内容、转变价值观。降低压力不仅有利于掌握所学语言知识与内容，并且也能促进人的价值取向、基本信念和态度的转变。

全身反应法依据人本主义心理学关于降低学生学习心理压力的观点，提倡师生通过轻松愉快、生动活泼的全身反应动作与语言相结合学习英语，不仅能降低学习者学习语言的心理压力，而且还能营造轻松愉快的学习情境，有助于学生更有效地发展运用英语进行理解和表达交流思想情感的能力。全身反应法还吸取了人本主义心理学关于情感因素在学习中发挥积极作用的观点，认为一种对学生的言语输出不做严格要求，并带有游戏性质的方法可以减轻学生的心理负担，培养愉快的学习情绪，提高学习效率。理想的语言教学应该提供大量的可理解性输入，而且学生在无任何抵触心理的情境下，易于接受和吸收所有的语言材料输入，然后转化为语言材料的输出。

2.全身反应法的语言理论基础

尽管并未直接论述全身反应法对语言本质的观点和语言学的理论基础，但从其对发展语言听、说、读、写、译能力及其设计的教学顺序，强调祈使句为语言教学内容的中心和课堂操练的内容名称和组织安排形式的视角看，其语言学理论基础显然建立在结构主义语言学的基础之上。大部分结构和成千上万的单词可通过教师熟练运用祈使句掌握。其具体体现在以下几个方面：

（1）听力基础上发展口语能力，口语能力基础上发展书面语能力

个体首先习得的是口语听力，继而发展听说口语能力，然后在口语能力的基础上习得书面语能力。口语是第一性的，书面语是第二性的，听力的习得又先于说话能力的发展。

（2）祈使句型是教学的核心

祈使句是语言句型或语法结构之一，祈使句型是TPR英语教学的核心，动词又是祈使句的核心要素。全身反应法认为，英语教学需围绕祈使句型及其动词作为核心进行教学。很多目标语的语法结构和成千上万的词汇项目，只需在教师的指导下熟练地使用祈使句，是可以学会的。

（3）习得认知语言图式和语言语法结构

语言由抽象和非抽象两部分组成。语言的非抽象部分大多数是以具体名词和祈使句的动词呈现的。学生不使用语言的抽象部分，就能习得一份详细的"认知图式"和一种"语言的语法结构"。语言的抽象部分可等待学生已掌握目标语的认知图式之后再学。人们照搬语言语法结构学习抽象语言是没有必要的。一旦学生将语法内化之后，抽象语言就可被引入和被解释于目标语之中。

（4）语言整体内化

语言作为一种句型结构，如祈使句型结构，是一个被学习者整体吸收和整体内化的过程。大部分句型是作为整体被内化的，而不是单个词汇项目内化。因此，在语言学习和交际运用时，句型作为预制板能起主导作用。

（三）全身反应法的基本原则

1.师生关系

师生关系观认为，教师起直接和积极的作用，学生则是聆听者和说话者。形象地说，教师是一场戏的导演，学生是演员。教师决定教什么，用什么新教材，由谁扮演什么角色。教师依据选择教材的内容，或以祈使句为核心框架设计教学。教学伊始，教师用英语发出指令，提供给学生最佳听言语的机会，让学生个人或集体根据教师指令做出全身动作反应，并逐步内化所学语言内容和规则，逐步形成认知图式，学生只是一个听众或在导演指导下的一位演员，无权决定学习内容。当然，全身反应法也要求：教师在写教案时，需要写出全部所教内容的正确意思，这是教师的聪明之举，尤其是在写新要求内容时，必须写得正确。这是备课优良、组织好课以达课堂教学流畅、有序和预期目标的必要前提。

教师的作用不是教给学生内容的多寡，而是提供给学生更多次的实践机会。教师要呈现最佳指导性的目标语言，以便学生能以最佳的目标语言内化语言结构。因此，教师是语言输入的掌控者，而学生则是语言输入的接受和吸收者；教师提供新语言材料的认知图式，学生则动脑进行加工处理，形成语言认知图式。诚然，教师也期望学生相互之间发挥创造性运用语言的能力。

2.听力发展先于说话能力

听力发展先于说话能力，听力领先是极为重要的原则。教学伊始，首先要培养学生的听力理解能力，然后在听力的基础上发展学生的说话表达能力。只有充分建立在听力理解的基础上，说话能力才能自然产生。如若听和说两种技能同时训练，由于缺少听力理解的基础，学生不仅对说话难以做好能力和心理上的准备，而且常因说不出或容易说错而造成学习负担，增加心理压力，影响语言学习。

3.通过动作发展听指令的理解能力

通过动作发展听指令的理解能力是英语教学的关键。依据大脑两个半球侧化理论，语言听力理解逻辑思维与动作形象思维相结合能加速理解和发展听的能力。听指令的理解能力与全身动作相联系不仅易于理解，而且也便于记忆。听指令是语言交际的基本能力之一。语言的大多词汇项目和基础语法结构都可通过指令配合动作进行教学。因此，通过全身动作发展听指令的理解能力是语言教学的关键。如无全身动作的配合，一个新词语或一个祈使句型即使多次重复操练，对学生来说也仍然是一串噪声，难以理解。

4.听力内化语言结构，说话自然发生

学生学习语言首先需要建立听力理解能力。吸收有了听力内化语言结构的基础，说话能力就会自然产生。学习语言伊始，首先发展听力理解能力，不可强迫学生提早说话。只有听力领先，学生一旦听力理解足量所学词语和语言结构，就能将词语和语言结构内化成认知结构，说话能力就会水到渠成，自然产生。

5.有准备的说话

为了减轻学生的思想负担和心理压力，允许学生做有准备的说话。因此，教师并不勉强学生在无准备的状态下做说话的操练。

6.教学强调语言意义，而非语言形式

任何语言都有意义和形式两个方面。语言的意义与形式是一个硬币的正反两面，相互不可分割。在处理语言意义和形式之间的关系时，存在着两种截然相反的理念，一种是以语言形式为主，以语言意义为辅，如语法翻译法就是以语法为纲或以语言学习为主；另一种是强调语言意义，而非语言形式，旨在发展学生的听说能力和交际能力，而语言形式为发展交际能力服务。

7.容忍学生所犯的语言错误

除发音外，教师对学生所犯的语言错误应抱有容忍态度，但TPR主张学生之间相互纠正所犯语言错误。随着学生学习的发展和深化，教师的干预则有所增加。

8.降低学生心理压力

减轻学生学习紧张情绪和降低学生学习心理压力，不仅能促进学生理解和运用语言的能力，而且能营造轻松愉快、生动活泼的课堂气氛。

二、任务法

任务法的产生可溯源到海姆斯的交际能力理论的出现和随之而来的交际法。交际法发展到现在已从最初教学途径成为一种教学思想。在交际教学思想的指导下，有各种各样的路子。

任务型教学正是诸多交际教学途径中的一种。可以说，任务型教学的教学思想仍然是在交际语言教学思想的理论框架之内。其主要的教学原则和理念与交际语言教学的主张是相同的。任务型教学指以任务为核心单位计划、组织语言教学的途径。任务型教学是交际语言教学的逻辑发展，因为它与交际语言教学的若干原则是一致的。例如：①包含真实交际的活动对语言学习是至关重要的；②语言用于完成执行有意义的任务的活动能够对学习起促进作用；③对学习者有意义的语言能支持学习过程。

任务关注的是学生如何沟通信息，通过交流互动解决交际问题，而不是强调学生使用何种语言形式；任务具有在现实生活中发生的可能性；学生应把学习的重点放在如何完成任务上，对任务进行评估的标准是任务是否成功完成。任务不一定是交际性的，也可以是机械性的、重复性的。另一种观点则认为，任务与交际之间有必然的联系，任务的目的就是意义的交流，那些以语言形式为焦点的活动（如语法、语音及词汇练习）都不是任务，只能是"练习"。

任务型教学的特点有：

（1）重点关注的是学习的过程，而不是学习的结果。

（2）强调交际与有意义的活动和任务。这些有目的的活动和任务是学习过程中最基本的成分。

（3）学习者是在参与活动与完成任务的过程中，通过交际性的和有目的的交互活动掌握语言的。

（4）需要学习者完成的任务活动既可以是生活中真正的任务或活动，也可以是在课堂内为了教育目标而设计的任务或活动。

（5）在任务型大纲中，任务与活动是根据任务难度来排列的。

（6）任务的难度取决于一系列的因素，如学习者过去的经历，任务的复杂程度，完成任务所需的语言以及完成任务时有哪些可以得到的支持等。

任务型教学的理论基础来自许多方面，有心理学、社会语言学、语言习得研究、课程理论、学习理论、认知理论、心理发展以及教育理论等，但它最重要的理论基础是语言习得理论和建构主义理论。

克拉申区分出了两个语言学习概念：学习和习得。学习是指通过教学有意识地学得语言；习得则是指通过交际无意识地接触语言系统而掌握语言。克拉申强调，掌握语言大多数是在交际活动中使用语言的结果，而不是单纯地训练语言技能和学习语言知识的结果。克拉申认为，学生掌握语言必须通过"可理解性的输入"。假如输入在一定限度上超出个人的现有水平，习得就自然而然地产生。根据语言习得的规律，语法知识的记忆不能保证语言使用的正确性，必须有大量语言的输入才能使得学生掌握所学习的语言。即使学生已经能背诵语法的规则，仍然不一定能在实际使用时正确地运用。也就是说，语言学习者能理解一项语法规则，未必能内化并运用这项规则。语言学习者不仅需要不同情景下反复接触含有这项语法规则的实践机会，而且还需要在不同的情景下、不同的语境中使用这些固定的表达方法，从而逐渐发展自己的语言系统。

语言必须通过"对话性互动"才能习得。语言习得不可缺少的机制是"修正性互动"，学生所需要的并不是简单的语言形式，而是可理解的输入与输出的机会。输出与输入的作用不同，学习者仅理解输入是不够的，还必须有机会输出。语言习得的研究表明，学习者的参与与语言熟练程度的提高关系很大。因此，任务型教学的倡导者认为，掌握语言的最佳途径是让学生用目的语去做事情，即完成各种任务。当学习者积极地参与用目的语进行尝试时，语言就容易被掌握。当学习者所进行的任务使他们当前的语言能力发挥到极致时，习得也就扩展到了最佳程度。在任务型教学活动中，学生的注意力集中在语言所表达的意义上，努力用自己所学习的语言结构和词汇来表达自己的意思，交换信息。这时，他们的思维过程与集中在语言形式上的机械性练习是不同的。

建构主义理论认为，学习和发展是社会活动和合作活动。这种活动是无法教会的。知识是由学习者个人自己构建的，而不是由他人传递的。这种构建发生在与他人交往的环境中，是社会互动的结果。它强调学习者个人从自身经验背景出发，构建对客观事物的主观理解和意义，重视学习过程而反对现成知识的简单传授。它强调人的学习与发展发生在与他人的交往和互动之中。教学应该置于有意义的情景中，而最理想的情景是所学的知识可以在其中得到应用。学生个人的发展是教学的核心，因此，教师在组织教学的过程中，要特别注意以学生为中心，注重在实际情境中进行教学，尽可能多地为学生提供丰富的语料和语境，将学生校外的生活经历与校内的学习活动联系起来。教师最重要的作用是激活学生的内在知识系统。建构主义理论支持下的任务型教学主张学习过程应充满真实的个人意义，要求英语教师学会促进学习者的全面发展、学习能力的发展、积极的情感因素和健康人格的发展。

任务型教学所遵循的原则是：

（1）互动性原则：互动途径本身是学会交际的最佳途径。重视互动作用还隐含了其他有助于语言学习的原则，包括合作学习原则、内在动机原则及与情感相关的冒险原则等（成功的学习者乐于冒险）。

（2）语言材料的真实性原则：语言是文化的载体，从某种意义上说，学习一种语言就是学习一种文化。引进真实文本的意义在于真实文本使学习者直接接触目的语文化，有助于获得对目的语的真实体验。强调引入真实文本有利于培养学习者的文化意识、语境意识。

（3）过程原则：让学习者体验学习过程是任务型学习的宗旨之一，在某种情况下学习过程是第一性的，学习内容是第二性的。另外，交际是一个过程，交际能力的获得也是一个过程。任务型教学使得学习者在完成任务、用语言解决问题的过程中，感悟语言、内化语言、学会交际。

（4）重视学习者个人经验对学习的促进作用原则：任务型教学坚持有效的

语言学习不是传授性的，而是经历性的，这体现了对学习者主体地位的确认和关注。学习者个人经历对学习的促进作用表现为：一方面是对学习活动的积极的认知参与，另一方面表现为学习者个人原有的知识结构、经验背景以及对认知客体的兴趣情感，促进学习者将新习得的信息纳入原有的认知结构，使原有认知结构得以丰富扩展或调整修正。

（5）课堂语言学习与课堂语言使用相关性原则：任务型教学注意到了传统语言教学与社会实践脱节的问题，并试图予以克服，它旨在把语言教学真实化和课堂社会化。真实和与生活中的任务相似也是任务型教学中选择"任务"的标准，以保证大多数学生认为有兴趣、有价值和有动力，学生也会竭尽全力去做并从任务的完成中获得自我愉悦感和成功感。

综上所述，任务型教学反映出英语教学目标与功能的转变，体现了英语教学从关注如何教到关注如何学，从以教师为中心转为以学生为中心，从注重语言本身转到注重语言习得与运用的人的变革趋势。从语言教学的角度看，任务型教学的直接目的是要为学习者提供自然的语言学习环境，培养学生应对真实生活中交际问题的能力。完成任务的过程能产生大量人际交流互动机会。任务型教学一定程度上把语言能力目标与生活工作能力目标联系起来，通过完成任务学会交际已超越了语言学习本身。

第三章
高校英语教学模式改革的探索

第一节　以学生为中心的有效英语教学模式

　　有效英语教学模式以传授与某专业有关的英语语言知识和技能为目的，在教学上注重为学生提供更多的机会参与及以英语为媒介的课堂活动，有效地锻炼学生的交际能力。强调运用"以学生为中心"的真实任务和活动来实施课堂教学，要求不仅体现在阅读技能的训练上，还体现在听、说等其他几种技能的训练上。教学中强调培养学生的交际、团体合作能力和思维、口语能力。针对岗位要求，使学生学会学习，为学生的思维能力、表达能力、应变能力、创新能力和科研能力的培养提供了良好的机会。高校英语教学应强调理论知识的实用性。课堂教学"以学生为中心"，积极为学生创设有效的学习环境和氛围，调动学生自主性学习、创新性学习的积极性，加强对学生学习的指导与帮助。在高校英语课堂教学中，应注意以下几点：

一、以学生为中心充分运用情景式教学

　　课堂教学是教学的基本形式，其效果的好坏直接影响学生对语言的习得。基于学生需求的教学目标决定了英语教学必须"以学生为中心"，教师要设计丰富多彩的课堂教学活动，根据不同的课程需求、不同学习者的语言水平，采用灵

活多样的课堂学习任务，提高学生的自主学习能力和参与能力，使教师成为学生的合作者。教师可以根据教学内容创设出特定的场景，让学生通过看、听、说和角色扮演，再现课文所描绘的情境，使学生仿佛身临其境，充分发挥自己的想象力，强化训练，提高运用语言知识和获得语感的能力。这种方法使课堂成为双向交流与互动的实践场所，可以极大地提高学生的学习兴趣。案例分析、项目研究、角色扮演、模拟和小组讨论等方法对英语教学都非常有效。高校旅游英语口语训练很多都是在特定场合下发生的，如入住宾馆、饭店进餐、景点讲解等。教学中可以通过对导游活动中实际情境的模仿，比如接待客人的时候如何致欢迎辞、如何办理酒店入住手续、如何向客人说明行程安排等，让学生掌握一般旅游活动中的基本流程和基本技能。通过会话训练、阅读训练、翻译训练，使学生能够承担一般旅游活动的英语交流工作，翻译基本的英语材料，用英语介绍指定的旅游景点等。

二、利用多媒体技术创设岗位语言环境

高校英语课堂需传授的知识面广、内容多，而课时数又有限，教师很难在有限的理论课教学时间内既将重点、难点讲透，又扩充学生的知识面，因此，必须借助先进的多媒体技术来设计高效的高校英语教学过程，现代计算机技术的发展为此提供了先进的教学设备和素材。多媒体教学信息量大，通过图片、文字的演示，超级链接各种相关资料，使学生在课堂教学的有限时间内接受大量的信息，扩大学生的知识面。对于一些复杂的内容，教师可以收集有关的插图、图表、案例等插入其中，使问题变得直观简单。

多媒体技术还有利于学生学习兴趣的培养和听、说、读、写、译综合能力的提高。语言交际能力的培养，要求首先有大量真实语言材料的输入，再通过反复操练和实际运用，逐渐转化成学习者内在的语言能力。英语教学听、说、读、写、译技能的培养，离不开大量的语言输入和一定强度的技能训练。教师可以设计教学模拟软件，创设学生目标岗位的实际环境，在多媒体上进行虚拟实际工作环境中的操作情境，使学生直观地认识岗位环境中英语的运用，把理论教学和实践教学有机地融合在一起，让学生在电脑上直接实现人机交互，完成一次能力的

真实体验。利用先进的多媒体技术，让学生模拟实习各种商务活动，熟练地掌握导游解说技巧和进行各项专业语言训练，从而达到良好的教学效果。教师还可以利用多媒体教学，给学生播放国外旅游的导游过程。让学生来翻译一些简单的句子，通过听、说练习，大大提高了学生的学习热情。多媒体教学使学生在轻松活泼的课堂氛围中感受和掌握目标岗位所需的语言应用能力。

在课外拓展练习时，还可以在语音试验室里利用全数字语言学习系统让学生自主地进行听力练习和句型操练、真实语境模拟、语言游戏、问题解答等，使课堂教学变得生动，学生更乐于参与课堂交际活动。此外，网络也是一个重要的途径，它不仅可以提供最新的高校教学信息资源，还可以建立英语聊天室，利用学生感兴趣的网络虚拟环境进行英语交流，提高学生的专业知识水平和英语运用能力。高校还可以用网络连通学生、教师和企业，建立教学与就业的直接联系，实现英语教学的全方位、立体化，为学生获取资料、学习实践、顺利就业开拓更广阔的天地。

三、结合专业英语提高课堂教学效率

高校英语教学与专业英语教学应是彼此融合、互相渗透的，教师在课堂教学过程中要有意识地将基础英语教学与专业英语教学相结合，根据专业特点和就业需要，指导学生优化学习方法，掌握英语应用的能力，引导学生在实践中去发现问题、分析问题、解决问题，使学生从被动地接受单纯的理论知识转变为主动运用理论知识和学习方法来提高英语应用能力。如在一些句型操练时，可以穿插专业名词，在选择课外阅读材料时，可以采用一些内容稍浅的、实用的、有代表性的专业文献，让学生上网查找一些专业术语词汇。在一些教学图片、道具、场景的选择上，要尽量向专业靠拢，培养学生在专业岗位场合使用英语的能力。在讲授句子长、结构复杂的专业英语时，也可按基础英语的分析模式来分析、简化句子结构。比如讲授旅游英语时，为了提高学生的学习兴趣，可以采用基础英语教学的听、说训练方法，从简单地介绍学院的建筑、风景练起，在一些句型结构的帮助下，让学生用英语简单地描述，并逐步加大句型难度和词汇广度。同样，教师还可以要求学生注意观察生活，收集身边出现的一些产品说明书或外文介绍，教师在课堂上进行讲解，并让学生进行场景模拟。例如，在学习和导游相关的外文后让学生在校内现场导游，学生能迅速进入角色，把具体的景物和英语词汇、句型联系起来记忆，印象会更加深刻，从而提高教学效率。

第二节　任务型教学模式下自主能力的培养

下面通过叙述任务型教学模式的含义、特点、主要内容和设计任务的原则，分析了在任务型教学模式下对大学生自主学习能力培养的可实施性和必要性，从而强调英语的学习过程是终身的、自主的习得过程，是引导学习者主动学习、积极实践、提高自身实际运用语言能力的过程，最终能达到培养具有创新精神与实践能力的高素质技能人才的教学目的。

一、任务型教学模式的含义及特点

（一）任务型教学模式的含义

任务型教学是由当前交际学发展而来的，它是20世纪80年代英语教学研究者经过大量研究和实践提出的一个具有重要影响的语言教学模式。该模式是近年来交际教学思想的一种发展形态，它把语言运用的基本理念转化为具有实践意义的课堂教学方式。学生在教师的指导下通过感知、体验、实践、参与和合作等方式实现任务的目标，感受成功。该模式提倡"意义至上、使用至上"的教学原则，是一种以人为本，以应用为动力、目标和核心的教学途径，要求学习者通过完成任务，用目标语进行有多高校英语教学模式创新研究目的的交际活动。

任务型教学模式中的"任务"可分为两类：一类是"教学任务"，即学生在课堂上的学习活动；另一类是"真实任务"，即在日常生活中从事的各种各样的事情。"任务"中的问题不是语言问题，但需要用语言来解决，学习者使用语言并不是为语言本身，而是利用语言的"潜势"达到独立的交际目的。

（二）任务型教学模式的特点

任务型教学模式是交际法的一种新的形态，是交际法的发展，而不是交际法的替代物；任务型教学强调教学过程，力图让学生通过完成真实生活任务而参与学习过程，从而让学生形成运用英语的能力；任务型教学虽然强调学生运用英语进行交际的能力，但从更广泛的层面强调培养学生的综合运用能力；任务型教学强调以真实任务为教学中心活动，修正了以功能为基础的教学活动中存在的真实性不足的问题；任务型教学要求教学活动要有利于学习者学习语言知识、发展语言技能，从而提高实际语言运用能力。

二、任务型教学模式的可实施性

（一）教学内容的设定

在英语教学中首先要设定任务的目标，即通过让学习者完成某一项任务而希望达到的目标。它可以是培养学习者说英语的自信心，解决某项交际问题，也可以是训练某一写作技巧等。其次，输入材料必须具有真实性，应以现实生活中的真实交际为目标，使学习者在一种自然、真实或模拟真实的情境中体会语言，使学习语言不再是局限于教材。再者要根据教学材料设计相应的多种教学活动。任务的设计要由简到繁，由易到难，前后相连，层层深入。形式是由初级到高级任务、再由高级任务涵盖初级任务的循环，并由数个子任务构成一串"任务链"，使教学呈阶梯式，层层推进。

任务型教学模式可根据不同层次学习者的英语水平创造出不同的任务活动，在充分体现以学生为主体的教学理念的前提下，让学生通过与学习伙伴合作、协商去完成任务。整个学习过程充满了反思、顿悟和自省的活动型的学习方式，从而可最大限度地调动学习者学习的积极性和主动性，提高他们发现问题和解决问题的能力，发展他们的认知策略，培养他们与人共处的合作精神和参与意识，并在完成任务中体验成功的喜悦，获得成就感，实现自我的价值。

（二）任务设计的原则

首先，任务的设定要具有真实性和功能性。在任务设定中所使用的教学输入材料应来源于真实的生活。但"真实"是一个相对的概念，它可以是来源于出现在课堂教学的教材，但同时教师要创造出一个新的语言环境，并根据学生在该任务中所学到的知识点提出一个需要解决的（交际）问题，选择真实性事件或情境作为驱动学生学习的动力性任务，它可使学生在完成任务过程中运用刚学过的语言知识解决某一情景下的交际问题，也可使学生运用已有的语言知识、策略及技能来探索运用英语的规律。学习者在学习英语的过程中普遍存在着语言脱离语境、脱离功能的现象，即学习者可能掌握了语言不同的拼写形式和相应的含义，但不能以适当的形式得体地表达意义和功能。任务设计的原则是在真实性原则的基础上，将语言形式和功能的关系明确化，让学习者在任务履行中充分感受语言形式和功能的关系及语言与语境的关系，从而增强了学习者对语言得体性的理解。

其次，任务的设定要具有连贯性。纽南（Nunan）曾提出过"任务依属原则"，即课堂上的任务应呈现"任务链"或"任务系列"的形式，每一任务都以前面的任务为基础或出发点，后面的任务依属于前面的任务。换言之，一堂课的若干任务或一个任务的若干子任务应是相互关联的，具有统一的教学目的或目标指向，同时在内容上相互衔接。因此，这样的任务系列就构成一列教学阶梯，使学习者能一步一步地达到预期的教学目的。

最后，教学任务的设定要具有实用性、可操作性和趣味性。英语课程不仅应打好语言基础，更要注重培养实际使用语言的能力，特别是使用英语处理日常和涉外业务活动的能力。因此，在任务设计中要避免为任务而设计任务，任务设计者要根据学习者的专业特点和他们将来就业方向的特点来设计教学任务，并尽可能为学习者的个体活动创造条件，利用有限的时间和空间最大限度地为他们提供互动和交流的机会，从而达到预期的教学目的。在英语教学中普遍存在着教学任务多但课堂时间少的现象，因此在任务设计中要尽量避免环节过多、程序过于复杂的课堂任务，必要时可为学习者提供任务履行或操作的模式。任务型教学法的优点之一就是通过有趣的课堂交际活动有效地激发学习者的学习动机，使他们主动参与学习。因此，要尽量避免机械的、重复的任务类型，取而代之的是形式多样化的、趣味性的课堂教学任务。

三、任务型教学法的基本原则与教学过程

任务型教学法是指"将任务置于教学法焦点的中心，它视学习过程为一系列直接与课程目标联系并为课程目标服务的任务，其目的超越了为语言而练习语言"，即一种将任务作为核心单位来计划、组织语言教学的途径。纽南提出了任务型教学法的5条原则：①真实性原则；②形式与功能性原则；③任务相依性原则；④做中学原则；⑤脚手架原则——给学生足够的关注和支持，让他们在学习时感到成功和安全。任务型教学过程分任务前阶段、任务中阶段和语言焦点阶段。

任务前阶段包括介绍话题和任务。在这一阶段，教师和学生一起探讨话题，着重介绍有用的词汇和短语，帮助学生理解任务指令和准备任务。这个阶段主要为学习者提供有意义的输入，帮助他们熟悉话题、认识新词和短语，其目的在于突出任务主题、认清相关背景知识、减少认知负担。

任务中阶段包括任务、计划和报告。学生以结对子或者小组活动的形式完成任务，教师不直接指导。学生以口语或者书面的形式在全班汇报他们是怎样完成任务的，他们决定了或发现了什么，最后通过小组向全班汇报或者小组之间交换书面报告的形式比较任务的结果。这个阶段为学习者提供了充分的语言表达机会，强调语言的流利性，交谈中语言的使用应该是自然发生的，不要求语言的准确性。

语言焦点阶段包括分析和操练。在这一阶段着重分析课文中出现的语言特点和难点。在分析中或者分析后教师引导学生练习新的词汇、语法并指出语法系统是极其有价值的。这个阶段的目的在于帮助学生探索语言系统知识、观察语言特征并将它们系统化，从而清晰、明了地掌握这些语言规则。

任务型教学的倡导者认为，掌握语言的最佳途径是让学生做事情，即完成各种任务。当学习者积极参与目标语的练习时，语言也被掌握了。学生注意力集中在语言所表达的意义上，努力用自己掌握的语言结构和词汇来表达自己的意思，交换信息。任务型教学追求的是给学生提供大量的、尽可能丰富的内容，让学生

明确自己的学习目标，并在交际过程中合理分配注意力，从而使语言得到持续、平衡的发展。

四、任务型教学法的优缺点

（一）任务型教学法的优点

任务型教学法是对交际法批判式的继承与发展。交际法采用功能与意念大纲来确定教学内容和目标；任务型教学法以任务为核心计划组织教学，制订任务大纲，以任务的完成为教学目标。任务型教学法认为英语学习的实质条件是真实的语言环境、大量的目标语输入和输出机会及学习者之间的意义协商；交际法缺乏大量的语言输入和输出机会。任务型教学法采用任务组织教学，为英语学习创造了必要的条件。选择与生活相关的交际任务能够为学习者创造接近自然的语言学习环境，促进完成任务过程中学习者之间的互动、意义协商，并提供大量的语言输入、输出和验证假设的机会，这本身就能够推动学习者语言能力的发展。

任务型教学法的重要创新在于提出了形式与功能性原则，即让教师与学习者明确语言的形式与语言的功能之间的关系，因此任务的设计注重语言形式和功能的结合。任务型教学法对语言结构的关注并非期望学生一次性地掌握课堂中出现的语言形式，而是为了让学生对语言结构知识引起相当的注意，形成一定的认识，逐渐整合到发展中的中介语系统中，最终形成语言能力。具体地讲，学生通过完成听、说、读、写、译等任务，对语言进行积极的认知加工，在感受了语言形式所承载的意义的基础上获得综合语言技能的发展。在教学实践中，教师依据该原则让学生结合特定的语境观察、分析、概括出语言的规则，从而改变教师主要通过讲解、灌输语法的教学方式；同时使学生更加明确自己的学习目标，并在交际的环境中合理分配注意力，从而使语言得到持续、平衡的发展。

任务型教学法从人的发展角度设计教学任务。任务型教学法以任务为分析单位编制大纲实施教学，通过任务使语言系统与语境联系起来，把教学的重心从形式转移到意义上来。它可以让学生在使用语言的过程中学会语言，并为学生创设发现学习、探索学习的情境和条件，促进学生的认知能力和智力的发展，从而确立学生在教学中的中心地位。学生通过组织语言、使用语言去寻求答案、解决问题、完成任务。语言系统知识的掌握已不是教学的终极目的，它只是发展学生交际能力、解决问题能力的手段。任务型教学法体现了沟通与合作、真实性、关注过程、重视学生主体性参与、学用结合等特点，毋庸置疑，它是英语教学法的又一次巨大进步与创新。

（二）任务型教学法的缺点

任何一个教学法流派都是得失同在，任务型教学法也存在着不足以及许多有待解决的问题。首先，任务型教学法的理论依据主要是第二语言习得理论，强调语言学习的重点应放在意义上。语言形式虽然也受到一定的关注，但处理语法的方法主要由教师根据主观经验做出判断，是随意且缺乏系统的。其次，任务的选择、分类、分级与排序还存在不少的困难，更谈不上达成共识。

因此，要真正做到系统有序地以任务为中心来开展教学，还得在课程大纲的研制、内容的选择、教材编写的层次上下功夫。

第三节　内容型教学模式在教学中的应用

一、内容型教学法的基本原则

内容型教学法通过运用目标语教学学科内容，把语言系统与内容整合起来进行教学。这种整合观是基于一种对语言教学的认识：只有同时给予两者相同的重视，而不是将两者分离开来，才能促进两方面同时发展。运用目标语教学学科内容可以较理想地达到整合这两个方面的目的。其基本原则如下：

（一）教学决策建立在内容上

语言课程的设计者和教材的编写者在设计阶段面临的两个问题就是内容（包括哪些项目）的选择和排序（如何排列这些项目）。在传统的教学方法中，不少方法（如语法翻译法、听说法）通常按照语法的难易程度编写，如一般现在时比其他时态更容易学习，在教材的编写和教学中自然处于优先学习的地位，根据此原则编写的教材及在教学中都把容易学习的内容放在初学阶段。然而，内容型教学法颠覆了传统方法中内容的选择和排序原则，彻底放弃了以语言标准作为教学的出发点，而是把内容作为统率语言选择和排序的基础。

（二）整合听、说、读、写技能

以往的教学法常常以分离的、具体的技能课（如语法课、写作课、听说课）形式进行教学。内容型教学法试图在整合听、说、读、写四项基本技能的同时，将语法和词汇教学包含于一个统一的教学过程之中。由于语言交流的真实情景及语言的交互活动涉及多种技能的协同，派生了这项教学原则。同样，内容型教学反对在课堂上主张先听说、后写作的教学顺序。它没有固定的、一成不变的技能教学顺序，相反，它可从任何一种技能出发。可以看出，这一原则是第一个原则的引申，是内容决定、影响教学项目的选择和顺序原则的具体表现。

（三）教学的每个阶段都要求学生积极主动地参与

自交际法产生以来，课堂的中心从教师转向学生，"做中学"成为交际语言教学的基本原则之一。任务型教学是交际法发展的分支，它强调学生应在完成任务的过程中进行探索性、发现性的学习。同样，内容型教学也是交际法的分支，重视学生在参与学习的过程中积极主动地学习。主张内容型教学的学者们认为，语言学习应产生于将学生暴露于教师的语言输入中，同时，学习者还可以在与同伴、同学的交往中获得大量的语言信息。因此，在课堂的交互学习、意义协商和信息收集及意义建构的过程中，学生承担着积极的社会角色。在内容型教学中，学习者可以承担多种角色，如接受者、倾听者、计划者、协调者、评价者等。与学习者多重身份一样，教师也扮演着多重角色，他们可以是学生的信息源，任务的组织者，学习活动的引导者、控制者和促进者，学生学习活动的评价者等。

（四）学习内容的选择与学生的兴趣、生活和学习目标相关

内容型教学法的内容选择最终决定于学生和教学环境。教学内容通常与具体

的教学和教育环境中的教学科目平行进行。因此，在中学阶段，英语教学内容可以来自学生在其他科目（如科学、历史、社会科学）中学习的内容。同样，在高等教育环境中，学生可以选修"毗邻"语言课。"毗邻课"是两个教师从两个角度教学同一内容，从而达到不同的教学目标的课型。在其他教学环境中，教学内容可以根据学生的职业需要和一般的兴趣特点进行选择。事实上，对于哪些内容是学生普遍感兴趣或者直接相关的很难确定，教材的编写者、使用者都很难把握这一原则。但是，由于每个内容单元的教学时间长，教师有大量的时间和机会把课程内容与学生的兴趣及他们已经具备的知识结合起来，因此，让学生对所选内容感兴趣是内容型教学理论实现的重要基石。

（五）选择"真实的"教学内容和任务

内容型教学的核心成分是真实性。它既要求课文内容的真实，又要求任务内容的真实。一首歌谣、一个故事、一段卡通都可以作为真实的教学内容。把这些真实的内容放置于英语教学课堂将改变它们原本的目的，从而服务于语言学习。同样，任务的真实性也是内容型教学的目标，任务必须与一定的文本情境结合，反映真实世界的实际状况。

（六）对语言结构进行直接学习

内容型教学将学生暴露于真实的语言输入中，目的在于让学生获得运用语言进行交际的能力。文本形式、教师的课堂语言输入、学生之间的结对子活动以及小组活动都是内容型教学的信息源。但是，内容型教学认为，仅仅通过可理解性输入不是成功的语言学习，对真实文本中出现的语言结构必须采取增强意识的方法进行学习。

二、内容型教学法的特点

内容型教学法旨在将学生尽可能地暴露于与他们直接相关或者他们感兴趣的内容之中。从这个简单的定义可知，与学生直接相关和他们感兴趣的内容不但包括学生日常生活中会共同面对的问题，而且也包括他们学习的其他科目的内容。事实上，学生学习的学科内容更应该合理地整合于英语教学，以促进学生的思维和语言能力的整体发展。那么，内容型教学法具有哪些主要特点呢？

首先，内容型英语教学法的主要特点在于对"内容"的强调和利用。"内容"可以满足语言教学多方面的目的。一方面，它为英语课堂教学提供极其丰富的教学情景，教师可以利用这些内容呈现解释语言的具体特征。另一方面，实验证明，富有挑战性的"内容"是语言习得成功的基础。无论是克拉申的"可理解性输入"理论，还是维果茨基（Lev Vygotsky）的"最近发展区"理论，都强调综合的、富有挑战性的、略高于学习者当前语言水平的内容输入。因此，把内容输入置于特殊的地位是当前内容型教学法普遍实践或实验的趋势。

其次，内容型教学法的内容选择不以教学课时为基本单位，通常一个单元的内容都会超出单个课时。事实上，内容型教学法的教学内容单元往往长达几周课时，甚至更长。

三、内容型教学法的教学模式

目前，内容型教学法主要有以下两种模式：

（一）主题模式

主题模式通过主题形式来组织教学。这些主题内容主要来自学生学习的其他科目，或者与他们的兴趣和生活密切相关的内容。主题教学是为了实现教学内容、教学方法的突破，解决英语教学中长期难以解决的矛盾。

主题教学模式强调学习语言所表达的意义，但并不忽视对于语言形式的学习。学生通过主题的建构学习有关社会生活的知识，通过细节环节，学习词、短语、句型和语法知识，从而把意义与形式有机地结合起来。

实现教师引导与学生自主学习的统一。教师的职责在于创造学习的语境，并给予正确的引导与示范。教师把以主题为主的认知结构的建构、拓展和深化的任务交给学生，这样就从真正意义上培养了学生的自主性。

实现学生跨文化交际能力的全面发展。在以主题为中心的英语学习中，学生获得了有关社会、文化和交际方面的丰富知识；在完成围绕主题、话题的交际任务中，学生提高了以听、读、写、译为基础的跨文化交际能力，培养了自身的素质，发展了个性；在自主性的学习中，学生找到了自我价值，实现了自我超越。英语教学以主题为线索，按"主题—话题—细节"的步骤，使学生逐步建立较为完整的反映主观与客观世界及社会交际需求的知识系统。

（二）附加模式

附加模式是指语言教师和学科内容教师同步教授相同的内容教学，但是他们的教学重点和教学目的不同。语言教师的教学重点在于语言知识，完成语言教学目标；负责学科内容的教师重点在于学科内容的理解上。例如，一个英语教师和一个心理学教师都以心理学内容进行教学，其中，英语教师将心理学材料作为英语语言课程的内容，其教学目的是为了提高学生的英语使用能力；心理学教师的教学目标是完成心理学学科内容的教学。因此，在英语教师的课上，学生的主要任务是通过对富有挑战性的内容的理解和吸收，从而较快地理解难度较大的内容，并在语言教师的指导下，快速学会语言。

四、内容型教学法的优缺点

（一）内容型教学法的优点

1.内容型教学法中丰富的学科内容能促进学生智力的发展

迄今为止，交际法是最重视英语教学中语言形式和内容密切结合的方法。但是，由于交际法没有摆脱教学法由来已久的"内容自由"选择的传统，仍然以语言的功能或者意念形式选择内容。这样一来，语言本身既充当内容，又是教学的中介，很容易造成课堂内短期的循环现象，即教学的中心一段时间在内容上，一段时间在一些具体的语言结构上。但是，不同的内容要求不同的思维方式，不同的思维方式需要不同的教学内容。也就是说，不同的语言内容会引起学习者不同的认知过程，单一的、以结构为组织原则的教学不能满足学生学习时认知能力发展的需要。因此，多元的、丰富的学科内容成为语言教学的核心，成为发展学生认知能力的一种选择。随着时代的发展，英语教学的目的越来越趋向于使语言教学成为人类发展的重要因素，成为人类思维能力、语言能力发展的条件。沉浸式语言教学的研究表明，在第二语言的学习中，学习者普通认知技能的发展和将学习者暴露于母语中同等重要，获得语言能力（语音、词汇、语法、语义、功能意义）和认知过程（理解、分析、应用、综合、评价）之间存在密不可分的关系。问题的关键是，不同的思考方式要求不同类型的语言内容。因此，通过激发学习者对丰富内容的兴趣，从而达到在发展思维的同时促进语言能力的发展。

2.提高学生的高级学习策略

学生的学习策略也会在思维的发展中得到提高。例如，学习推导的策略远比找出同源词难度更高。翻译、重复、惯用语的使用等都是学习者在学习语言早期容易掌握的策略。但是，在内容缺乏的环境中，他们常常被禁锢于狭隘的语言结构知识情景中，很难发展，如运用、监控、推导等高级策略。这些高级策略才是成功学习一门语言的条件。卡明斯曾经研究了语言情境和认知难度对语言学习的影响。他发现，认知难度大的任务驱使学习者发展不同的思考方式，而且这些任务与情境密切联系。在真实的任务情境中，学生积极参与意义协商，在遇上不理解的信息时，学生会积极提供反馈。在这种情况下，大量的副语言特征和情境信息共同支持语言的发展。此时，语言得到的支持将最大化。当情境和认知难度都降低或减少时，学生对语言意义的理解和成功解释信息的能力只能依靠语言本身的知识，如通过分析句法结构、寻找同源词等。情境丰富的语言学习环境为学生提供大量语言的、元语言的、超语言的材料，它们在学生进行信息加工的过程中意义重大。母语就是在认知难度和语言情境丰富的环境中习得的。然而，我们的英语教学与母语学习的条件相反，常常处于认知难度和情境缺乏的环境和状态下。因此，其教学效果自然不难想象。

3.提供大量的支持语言发展的材料

语言的、元语言的、超语言的情景内容可以大大提高对语言的感知力和理解能力，从而加速语言的发展。丰富的内容知识可以培养学生良好的学习策略。低级的策略（如翻译、重复、背诵等）不足以满足英语思维能力发展的需要，高级的策略才是语言学习的成功条件。另外，对内容的敏感也会提高语言背景图式知识，以及对语法、词汇等语言系统知识的认识。思维能力在对这些知识进行处理的同时获得提高。英语教学必须以不同的内容满足人类的多种思维能力发展的需要。内容的多样性在满足人类的思维发展的同时也能促进语言的发展。可见，内容型教学法通过发展那些与语言结构相关的思维技能发展语言。因为内容与认知方式紧密联系，它要求用一系列具体的概念、观点和语法规则去表达。英语教学法改革从内容入手，一方面可以增加认知难度，促进学生思维能力的发展；另一方面使内容成为发展语言的条件，较大程度地符合英语教学从语言的发展走向人类的发展的总体规律。

（二）内容型教学法的缺点

1.缺乏实施内容型教学法的教材

由于内容型教学法包含的方法模式和内容体系相当庞杂，很难形成较为统一的教材。单从教学模式而言，内容型教学法有主题模式、附加模式和遮蔽模式，每一种模式对教材、教学程序和教师知识结构的要求都不同。要编写容纳多学科内容、符合不同学科内容的教学规律的教材有很大的困难。

2.缺乏胜任内容型教学法的师资力量

内容型教学法对师资的要求发生了翻天覆地的变化。首先，不同的学科内容自然要求教师也具备相应的知识储备，但事实上，很少有教师可以达到这样的要求。其次，不同的教学模式对教师具有很大的挑战，他们不但需要具备良好的英语教学知识和技能，还要和其他学科的教师协调、合作，才能完成教学任务，这需要他们改变一直以来把英语看成同其他学科一样是一门相互独立的学科的思维定式。很显然，内容型教学法对师资的要求远远大于其他教学方法。

总而言之，丰富的学习内容是文化的载体，是语言发展的条件，也是人类思维发展的重要组成部分，因此现代英语教学法要以丰富的学科内容为出发点。为了协调语言内容和意义之间长期存在的冲突，创设新型内容型教学模式不但可以促进人的整体发展，还能彻底改变以往各种教学法流派偏于语言、忽视内容的"两张皮"的做法，改变"为教语言而教学"，为"工具性目的而教学"的教学法定位，从而走向"为人的整体发展而教学"的转变。

第四节　整体化教学法在英语课堂教学中的应用

在高校英语课堂教学中，如何实施整体化教学法值得探究。在实际英语课堂教学中，应注重贯彻整体化教学法中的导读、阅读、叙述和讲评四个主要环节，课堂实践是英语课堂教学整体化区别于传统英语教学法的一条行之有效的途径。

格式塔心理学者认为，学习应该培养创造性思维，为了达到这一目标，要把学习情境作为一个整体呈现给学生，使学生对课文内容形成一个整体概念，这种整体概念不是通过对个别语句的分析和分段教学能获得的，而是取决于整体的知觉。在英语教学中往往是听中有写，写中有读，读中有思，说中有用。所谓整体教学，就是每堂课都要着眼于培养学生听、说、读、写、译的能力，促进五者之间的"血液流通"，锤炼学生的思维，发展学生的智力。

真正的课堂应该是积极思维的王国，整体教学的目的是探究思维过程的训练。要科学地运用英语课堂整体教学的原则，必须抓好以下四个环节：导读、阅读、叙述和讲评。

一、导读

导读好比那种介绍背景、人物故事情节以至高潮的电影预告节目，能使学生对阅读的内容有预先的了解，从而提高理解能力。英语教学中必须注意它的文学性。在导读中对教材中的文学作品的作者、背景及人物传记等应该用英语向学生做概括的介绍。教师要不失时机地介绍他们的生平和所选课文的背景知识，这样做，既扩充了学生的知识，又为学生提供了练习听力的有益材料。在这基础上让学生听录音，以激发学生的阅读欲望，提高他们的学习能力。知识是能力的基础：一个人的知识越丰富，那么他的思维就越清晰，创造能力就越强，阅读能力也会得到相应的提高。

二、阅读

教师的责任在于组织学生的认识活动，提高学生的自学能力。我们在教学中不仅要给学生以"面包"，更要给学生以"猎枪"。

对于语言来说，形为意先，意为形用。在教每篇课文时都应该经历一个先泛后精的过程，利用一课时让学生通读全文，指导他们哪些要略读，怎样猜测词义，怎样找出主题句、过渡句等。迅速正确地理解段落是培养学生阅读能力的进一步要求，在教学中引导学生用英语说出段落大意，这是培养学生分析和概括能力的有效途径。

在整体教学实践中我们采用了四步教学方法：即指导好课前课文预习；反复阅读整篇课文，逐步加深理解课文的内容；学习课文的语言结构；运用课文的语言结构。这四个步骤是一个整体，相辅相成，抓住整体求侧面。

三、叙述

因为语言是思想直接进行现实思维的结果，要在思维过程中获得，在运用语言的过程中学生的思维才能得到激励，语言能力才能得到发展。那么，怎样培养学生的叙述能力呢？

（一）模仿叙述

任何创造均始于模仿，模仿叙述是创造叙述的准备。通过叙述有助于学生理解课文、丰富词汇和提高口头表达能力。

采用的方法有：

1.摘要叙述

启发学生寻找课文中的主题句、关键词，抓住材料的主要内容，编写读书提纲。

2.详细叙述

变动课文顺序，添加适当词汇，模仿课文作详细叙述，在此基础上对课文作理解性背诵。

3.简略叙述

控制叙述节数，浓缩课文内容，限制所学词汇，对课文作概括性叙述。

（二）创造叙述

创造叙述是叙述的高级阶段。引导学生在叙述中联想，在叙述中创造，启发学生突出作品的关键，发展故事情节。采用的方法有拟人化法、改换体裁法、分配角色法、变换人称法、综合法等。

四、讲评

英语学习是"实践—认识—再实践"的过程。所以我们说，课外作业布置和批改是教学中的一个重要环节。在批改和讲评的过程中，必须遵循教师的主导作用和学生的积极性相结合的原则。

发现法就是学习法，就是说不仅要学会寻求事物，而且要动脑筋寻求获得知识的方法。在作业的过程中启发学生发现问题、提出问题，鼓励他们开动脑筋，自己解决问题。教师抓住提示、疏导、设疑、释疑这四个环节，发动学生改错，自获结论，从而逐步减少教师对学生学习的控制。

学生的作业全由教师收来"精批细改"并无多大益处，而是应该采取师生结合批改的方法。可采取学生自改、学生互改、教师评改、共同讨论这四个步骤，从而对错误进行分析，经过错误识别、错误释义和错误解释三个过程，创造清晰的智力背景，开阔学生的思路，巩固所学知识。

教师在批改作业中应该养成这样一个习惯：罗列学生的错误、归纳错误类型，然后展示给学生，引导学生纠错。归纳起来有：

（一）选择改错

给学生一组似是而非的答案，让学生加以辨析，而后选择正确的答案。

（二）综合改错

罗列学生知识上的错误，而后边评述边做系统的概括和复习。

（三）比较改错

列举几个正确的答案，启发学生找出更为合理、更为科学的答案。

改错法是贯彻发现法的一个很好的途径。学生在改错中比较，在比较中鉴别，在鉴别中掌握知识。发现问题是解决问题的前奏。教师在评述作业中让学生自悟，促进知识的内化，这就是教师的主导作用。

导读、阅读、叙述和讲评是贯彻整体化教学法的四个重要环节。把课文作为一个整体来教，这是符合学校情况的教学方式，通过符合学情的教学方式进行系统的控制，可以取得最优的教学活动效率。

第四章
慕课的教学模式

第一节　慕课教育的内涵

目前，微课、慕课、翻转课堂等关注度越来越高，基础教育和高等教育的学校也在进行不同程度的实施，引起了教育领域的一系列变革，课程模式、教学方式、学生的学习形式等都在发生改变。那么这些改变的原因究竟是什么？为什么要进行改变？怎样改变？慕课教育正是回答这些问题的关键。在此，首先对慕课教育的内涵做一番讨论，慕课教育的内涵离不开慕课教育的概念，以及由概念反映出来的特征。

一、慕课教育的概念界定

慕课教育以微课、慕课、翻转课堂为载体，对此三个概念的分析，有助于更好地界定和把握慕课教育的概念。

（一）微课、慕课、翻转课堂

随着网络技术的发展及微博的普及和盛行，无意之中带动了一股"微"潮流，如微信、微电影、微小说、微访谈、微学习等，微课也是这股"微"潮流的产物之一。微课到底是什么？微课是基于学校资源、教师能力与学生兴趣，以主题模块组织起来的相对独立与完整的小规模课程。微课具有教学时间较短、教学内容较少、教学目的较明确、便于传播、制作简单等特点，能更好地满足师生的个性化教学和个性化学习需求。

慕课，是MOOC（大规模开放在线课程）的中文译名。慕课有多种分类，有基于行为主义的以知识传授为主的慕课，也有基于关联主义的以建立连通和社交网络为核心的慕课，还有其他类型的慕课。与网络公开课只提供教学视频不同，慕课除了提供教学视频外，还像大多数网络课程一样，有开课和结课时间，提供其他的学习资源，布置作业，组织在线交流和讨论，对学生的作业进行评价，组织考试，甚至颁发学习证书和授予学分，具有开放性、大规模性、灵活性等特点。

翻转课堂是一种新型的课堂教学模式，新型是相对于传统而言的。教学的基本环节包括三个阶段：课前、课中、课后。翻转课堂与传统课堂的不同就在于课前和课中的任务分配不同。在以往的课堂中，快下课前，经常会听到教师说"同学们课下预习下节课将要上的内容"，即使是学生预习了教学内容，下节课上课时，教师仍会滔滔不绝地讲授学生哪怕已经学会的知识，将教案里的东西完完全全地都传授给学生。对于学生已经学会的知识，教师为什么还要再讲一遍？关键在于没有一种方式和方法让教师明确知道哪些知识学生已经学会而不需要再讲，哪些内容是大多数学生都不会的，只依靠教师的经验是不能完全弄清楚这个至关重要的问题。这个问题依靠现如今的网络技术和大数据则会得到解决，在有限的课堂时间里，教师可以很清楚明白地知道学生需要哪些指导，根据收集到的大数据所反映出来的问题，在课堂上重点讨论，答疑解惑，教学做到"有据可依"，这就是翻转课堂。

（二）慕课教育

教育大辞典将"教育"定义为"传递社会生活经验并培养人的社会活动"。不同社会阶段的教育也不同，因为社会生产力和生产关系及经济基础和上层建筑都是教育的制约因素，根据不同的社会历史阶段，一般将教育纵向分为古代教育、近代教育和现代教育。慕课教育是在现代科学技术和现代教育理念的基础上产生的，故慕课教育应从属于现代教育，是现代教育的一种形式。除此之外，还有人将传统教育和现代教育看作一种特定概念，即把德国教育家赫尔巴特的教育理论称为"传统教育"，美国教育家杜威的教育理论称为"现代教育"，指出"传统教育"以教材为中心，着重传授；"现代教育"则以学生为中心，着重活动，强调学生的主体性地位和主动性。慕课教育是对现代教育的一种发展，是现代教育的一种形式，主体性地位、自主学习、能力培养、个性化发展等在慕课教育中有很好的体现。那么什么是慕课教育？对其概念的准确界定是研究的基础。慕课教育，即以关联主义、人本主义和自我教育理论为基础，依托信息化与大数据技术的支持，以线上的微课、慕课和线下的翻转课堂为载体，以问题为中心，在教育者指导下培养学习者学习能力，提高教育效益，促进学习者个性化发展的一种实践活动，它是一种新的教育形态。由此概念可看出，微课、慕课和翻转课堂分别是慕课教育借以实施的线上和线下载体，便于帮助学习者进行个性化学习，实现慕课教育的目标。

二、慕课教育的特征

（一）资源共享性

资源共享性包括两个方面：优秀的教师资源和丰富的学习资源。相较于古代的个别教学和产生于近代资本主义的班级授课制，可谓是世界教育史上的巨大革命。在古代的个别教学中，一般来说，学校的学生杂然集中于一室，教师轮番传唤，施以个别指导；而当社会进入资本主义，班级授课制产生以来，课堂教学每天只有4个小时，一个教师可以同时教几百个学生，而所受的辛苦则比现在教一个学生少10倍。印刷术发明之前，文化的传播主要靠手抄的书籍，学习资源也相对较少，只有贵族才享有教育的特权。

除此之外，关联主义认为，学习是各个节点相互连接形成网络的过程，而不是一个人的活动。通过技术的支持，全世界各地的学习者可以在此对任何问题进行讨论和交流，使学习者之间的联系更为便捷，个人的经历及知识结构可能会成为别人的学习资源，作用于双方的学习网络。

（二）复合学习性

复合又称结合或联合，顾名思义指的是两种或两种以上的事物，复合学习即是两种或多种学习方式的结合。互联网诞生以前，知识获取的渠道一般为教材或教学内容及相关的辅助参考书，学习通常发生在课堂上，通过教师的讲授以及作业的练习等。互联网以及信息化与大数据技术的支持，使学习不再局限于单一的方式，学习的发生也不再局限于固定的场所和固定的时间。人本主义强调"人"的作用，认为"人"天生具有自我实现的动机和潜能，力求变成他能变成的样子，即"成为你自己"，"人成为目的本身，成为一种完美、一个本质、一种存在"。学习者有自我实现的潜能。

慕课教育尊重学习者的自我实现潜能，关注学习者的发展，不再采用单一的课堂学习，丰富学习方式，故慕课教育的学习具有复合性。这个复合性包含两层含义。首先，通过网络技术的应用，将学习方式分为线上和线下，两种方式相互结合。线上学习是指学习者利用电脑、微信、微博等移动客户端，通过微课、微视频、慕课等方式学习知识，或基于某一问题通过网络平台进行探讨，给予学习者充分的学习自由。相对于线上学习而言的线下学习，包括课下学生之间的交流及课上教育者与学习者围绕问题产生的互动等，让学习者主动探究、协调合作、积极表达，也允许出现不同的声音，而非一刀切。线上与线下相互联系，相互结合，线下的讨论离不开线上的学习，线上学习的知识通过线下的互动加深理解，促进内化。其次，基于学习活动的发生，将学习分为发生在学习者内部的学习和发生在学习者外部的学习，内部学习和外部学习相结合，帮助学习者进行教育活动。关联主义认为，学习不仅仅可以发生在学习者的内部，通过认知、建构等方式完成知识内化，也可以通过学习者之间的相互交流和互动，将知识点与信息源相关联，创生知识，进行学习活动，这个过程是动态的和循环的。

（三）自主性

"自主"，顾名思义，自己做主，不受别人支配。从心理学角度讲，自主是指遇事有主见，能对自己的行为负责。人本主义强调人具有自我实现的潜能，苏联的苏霍姆林斯基认为，学习者具备自我教育的能力，并且提出"只有促进自我教育的教育才是真正的教育"。

既然学习者具备自我教育的能力，慕课教育所要做的即为发挥学习者自我教育能力，让学习者自己做主，促使其对自己的行为负责。慕课教育的开放性，为学习者提供了自我教育的机会。因为在丰富的教育资源及获取教育资源渠道的多样化的慕课教育环境下，教和学不再局限于特定的时间和特定的地点，学习者需要学会如何在纷繁的教育资源中选取所需的学习资源，更要学会选择适合的学习方式掌控学习节奏。慕课教育中的学习者有较多的自由时间，在完成规定学习的基础上，可以适当地拓宽知识面或加深对于知识的理解程度，这需要学习者对自己的时间有一个良好的规划和管理能力。借助教育媒体和网络平台进行学习时，更要发挥自我监督的功能。学习者自主性的发挥并不意味着脱离教育者，教育者在此过程中扮演的是"导演"，让学习者作为"主角"尽情地去发挥，学习是通过学生的主动行为而发生的，他学到什么取决于他做了什么，而不是教师做了什么。除此之外，学习者作为个体的社会人而言，终究要独立地面对社会，处理各种复杂的社会问题，这不仅是一个社会问题，更是一个教育问题，而慕课教育自主性的特点正是强调让学习者而非教育者或家长对自己的学习承担责任，这也是学习者学习成功的关键所在。

（四）效益性

效益，顾名思义是效果与利益的总称，较多用于经济领域，指劳动占有、劳动消耗与获得的劳动成果之间的比较。迁移到教育领域的效益大体表现在教与学的付出和收获之间的比重。慕课教育的效益性相较于传统教育而言，主要体现在以问题为中心培养学习者的学习能力方面。知识的海洋永无尽头，并且在变化速度如此之快的现代社会，知识的更新换代也在加快，教育者和学习者都需要不断地"充电"，以适应这种变化。授人以鱼，不如授人以渔，教育者对于学习者的培养重点应该从知识的积累转变为学习能力的提高。学习能力包括学习知识时区别重要信息与非重要信息的能力、学习过程中发现问题的能力及发现问题后解决问题的能力。慕课教育强调自主性学习，学习者学习知识的时间和地点相对自由，获取知识的途径较多，内容也较为丰富。但在面对大量与所需学习知识相关的周边信息时，并非所有信息都有用，需要学习者做出选择，慕课教育教学的发生和发展以学习者在自主学习中发现的问题为核心，通过问题的解决实现学习者个性化发展。学习者在选择信息、发现问题、解决问题的同时，锻炼了这些能力，随着次数的增长和教育者的帮助，这些能力随即得到提高。

三、慕课的主要组成部分

慕课作为网络开放式在线课程，其基础是网络平台，传授者是教师和各方专家学者，教学的内容是在线视频课程，学习者是慕课网络在线平台的注册学员。所以，在线网络平台、课程、教师和学员都是慕课的主要组成部分，除此之外，互联网技术、资金投入、相关的国家政策支持、高校和教育机构及互联网企业的参与和推动都是其不可或缺的重要组成部分。

（一）网络平台

网络平台是慕课建立的基础。网络平台为慕课课程资源的展示及慕课课程参与者之间的交流沟通提供了可能。慕课网络在线教育平台是基于互联网技术搭建起来的，它对外公开免费开放，为教师提供授课场所，为学员提供丰富的学习资源，它为学员和教师之间、学员之间搭建沟通交流的平台，实现了学习资源的互动共享。除此之外，慕课在线网络平台还提供教学管理和学员学习考核等功能。网络平台是慕课在线网络平台重要的组成部分，是一个巨大的根据地，承载着慕课教育革命的所有使命。慕课网络平台内部也有分类，根据所服务的教育属性不同，慕课网络平台可分为服务高等教育的慕课平台、服务基础教育的慕课平台、服务职业教育的慕课平台。

（二）网络视频课程

网络视频课程是慕课在线网络平台的核心组成部分。慕课的课程以在线视频讲授的形式，即授课教师提前录制好的视频，然后传至网络平台。视频课程的录制基于大学内的传统教学课堂安排，同时也结合互联网的传授特点，通常每一门课程的教学时间是4～16周，但是不同课程的节数会不同，授课教师根据教学大纲、教学目标和教学内容来具体安排的，课时数一般都不会超过16周。每门课程所录制的视频是基于传统1~2个小时的课程，按照知识模块来分解成时长8~15分钟的微视频。慕课微课堂的设计是为了提高学生学习的自主性，使学生自由把握学习进度，学员只有按教师要求完成一个模块的学习后才可以进入下一个模块的学习。慕课课程的教学结构主要包括短视频、嵌入式小测验、课后测验、结业考试、课程讨论区等。慕课网络课堂嵌入式课程测试与评估的设置不仅提高了学员的学习参与度，更是激发了学员的学习热情，提高了教学质量。另外值得一提的是，慕课网络课堂的所有的课程视频学员都可以下载下来重复观看学习。慕课网络课堂的互动性也极强，在平台上有许多极富生气的讨论区，选择同一门课程的学员聚集于其中互相交流，有些授课教师也会积极参与其中，或者有教学助理对讨论区中学员热议的问题反馈给教师，然后教师再继续集中解答。有的学员不甘于线上谈论，甚至会通过线上约定一定的时间、地点见面讨论学习情况。慕课网络课堂与其他远程教育或在线教育相比，除实现教育资源的优化共享外，更实现了学员与教师以及学员之间的交互沟通，实现了线上课程测试与考核的结合，它建立起了完整的课程结构，大大提升了学习体验和学习质量。

（三）教师

教师是慕课在线网络平台的主导，任课教师通过录制讲课视频来传授知识。慕课课堂的教师和传统教师的职责不同，虽然都是讲课，但是不再是以往在固定教室里面对面地授课了，慕课网络课堂的任课教师必须根据课程安排提前录制讲课视频，设置微课堂的课堂小测验，还必须在课后登录网络平台为学员解答疑难问题。慕课网络课堂对任课教师要求很高，不仅要具备专业的知识功底，还需要掌握不同的授课技巧，因为他们要接收全球各个国家、各个阶层人士的学员，需要达到更多人的信服和认可，只有专业功底强硬、讲授内容纯熟、讲授方法新颖独特才可以得到更高的点击率。

（四）学员

学员是慕课在线网络平台的主体，他们不仅参与课程的讲授环节，还参与课程学习交流、课程测试及考核等各个交互环节，且慕课学员来自全球各个国家，不同种族，不同语言，这些都丰富了慕课网上学习资源的多元多样。学员们加入慕课也有不同的学习动机、学习需求，有的希望在名师指点下填补知识空白、完善知识结构，而有的仅仅是兴趣爱好；有的是工作之余的学习充电，而有的是真心想接受新知识，不断学习，掌握社会潮流趋势。慕课在线网络平台的学员在整体上呈现高学历、多知识结构的特点。

慕课在基于网络平台、课程、教师和学员的基本构架之外，互联网技术、资金投入、相关的国家政策支持、高校和教育机构及互联网企业的参与和推动也都是其不可或缺的重要组成部分。不可否认的是，技术为慕课的发展提供了多方的便捷，网络的普及使得电脑成为生活必需品，人们已经开始接触并习惯于从网络获取新知识，大数据、人工智能、云计算等技术的发展为慕课高效共享教育资源提供了便捷。同时大量资金的投入也是慕课快速发展的一个重要原因，慕课商业化的运作可以吸引更多优质资源，使管理更加规范，运作更加高效。慕课高效运作也离不开国家政策的大力支持与引导，高校、互联网企业、教育培训机构是慕课快速发展的推动者，在慕课发展的历程中发挥着倡导和参与的积极作用。

四、慕课的主要特征

慕课在线网络开放平台面向全球，各个国家、各个阶层的广大社会公众都可以免费参与，且作为新型的在线网络教育平台，慕课突破了传统教育传播在空间和时间上的限制，可以实现自主的移动化学习，较以往的网络公开课或远程教育等相比，慕课又具有大规模、开放性、自主性、互动性的优点。具体表现如下：

（一）大规模

慕课在线网络教育平台具有大规模的优点，主要体现在参与课程学习的学生数量多、平台数据量巨大，加入慕课的高校众多、参与课程教学的教师团队众多和可供选择的网络课程众多。众所周知，传统的课堂教学由于教学场地和空间限制，对参与的人数有一定的要求，但是慕课在线网络课堂的学习者在人数上是没有限制的，全球各个国家各个阶层的人们，只要想学习，注册慕课在线网络平台就可以选课学习了。

（二）开放性

与传统封闭的课堂教学相比，慕课的学习资源非常开放，面向所有人，不设置限定用户，只需注册慕课网络在线教育平台就可以获取海量的学习资源，自主选择学习内容。慕课平台的入学门槛低，只需要具备上网条件，就可以实现免费、优质、海量课程的在线学习，对学习者的身份没有任何条件限制，也没有类似高等教育考试的筛选机制，学习地点不受限制，学习时间自由调配。慕课优质的教学资源向有学习诉求的广大学子免费开放，慕课打破了大学的"围墙"，使得高校教育资源不再设限，这使得终身学习成为一种可能。慕课平台的学习者不仅可以作为知识的消费者，也可以作为知识的生产者，在消化、吸收知识的基础上整理、创新、分享知识，从而实现开放学习资源的动态式发展。

（三）自主性

慕课网络课程学习的全流程在网上在线完成，课程运作模式是提前录制讲课视频，然后上传至网络平台供学员观看学习，学习者必须通过网络进行在线学习。学员的网络在线学习具有很强的自主性，学习的时间和地点不受限制，只要具备一台电脑和顺畅的网络便可随时随地学习，突破了传统课程教学的时空限制和约束，实现随时随地的学习，满足了更多用户个性化需求，利于激发学员学习的主动性，提高学习效率。

（四）互动性

慕课在线网络课堂教学的互动性是区别于传统课堂和以往网络教学的又一特色，也深受广大学员的喜欢。慕课开辟了很多的线上交互工具，如网络问答社区、留言板、微信、微博及脸书、推特等即时通信软件，使得学员在学习之余可以解答疑难、表达观点、交流思想。学员不仅可以与教师针对课程问题进行沟通，还可以一起分享观点、交流思想、参与论坛讨论。此外慕课与传统课堂的不同之处还在于慕课的"微课程"，仅仅10分钟的短视频，可以充分抓住学员的注意力，学习的效率更佳，也提高了学习热情。

第二节 慕课教育的结构

慕课教育的结构是指慕课教育的构成要素和各要素间的组合关系。分析慕课教育的构成要素是把握慕课教育结构的前提，构建慕课教育要素的线上和线下关系，明确线上、线下实践的基本要求，是慕课教育实施的基本遵循和依据。

一、慕课教育的基本构成要素

慕课教育作为教育的一种新形态，其构成必然包括教育的两个最基本的要素：教育者和学习者。教育者与学习者通过教育内容相互作用，进行教育活动。除此之外，慕课教育是信息化社会下的产物，依托信息化与大数据技术的支持，以此社会背景为基础，教育物资也是其要素之一。

（一）教育者

"教育者"，简而言之就是从事教育活动的人。内涵决定外延，由于教育的定义不同，对教育者外延的理解也大不相同。基于上述对慕课教育的定义，慕课教育的教育者是指可以促进学习者个性化发展、培养学习者学习能力、提高教育效益的人。面对教育环境改变所带来的一系列变化，教育者需积极应对。

首先，转变传统观念。作为教育者而言，传道、授业、解惑是其应承担的社会和教育职责，但三者的比重则是不一的。传统教育中的教育者侧重点在于传道和授业。历史发展到今天，网络的普及、大数据技术的支持以及信息化的发展，知识传授可以通过线上的方式完成，比如微课、慕课等，学习者利用微信、微博等移动客户端自由地选择学习时间和地点，教育者无须再将大部分的时间和精力投入知识的传授中，而是需要将关注点放在解惑中，即学习者在学习过程中产生的各种疑问，进而促进其个性化发展，达到"事半功倍"的效果。

其次，加强信息素养。在传统的课堂中，教育者进行知识传授大多借助于老三样：粉笔、书、教材，对于现代信息技术的运用也多数停留在PPT课件上。而在慕课教育的教学中，知识大多以微课或慕课等形式呈现，通过网络让学生进行学习，学习的效果也可以通过网络数据分析得以反馈，那么这就要求教育者除了具备传统的教学能力外，还需掌握音频和视频的制作以及网络客户端等现代信息技术。面对慕课教育，作为主体的教育者应积极学习相关知识，学校和相关的教育部门也应承担起这个责任。

再次，提升组织能力。建构主义认为知识是学习者在他人的帮助下，通过必要的课程资源的学习，完成意义建构的过程，而非教育者的传授。那么在慕课教育中，学习者已在课前基于自身知识基础选择适合的方式和内容进行学习，课堂上教育者的主要任务是帮助学习者答疑解惑，通过相互交流的方式对所出现的问题进行讨论和探究，最后以解决问题的方式达到内化知识的目的。在这种教学方式下教育者需要提升其课堂组织能力，更好地帮助学习者进行互动，并且引导学习者发现问题、探究问题，最后协作解决问题。

最后，把握角色定位。慕课教育以问题为中心，追求的是探究式的学习方法，在彰显学生主体地位、促进学生个性化发展的同时，对教育者的角色提出了新诉求。慕课教育改变的是教与学的方式，故而教育者角色在教育过程中体现得较为明显。以翻转课堂为例，翻转课堂将"课堂讲解+课后作业"的教学形式转变为"课前学习+课堂探究"，通过现代教育技术的帮助，学习者学习课前讲授的知识，在课堂上，教育者的指导和同伴间的协助完成知识的内化，这意味着教师从传统课堂中的知识传授者变成了学生学习的指导者和支持者。

（二）学习者

一切想学习知识的人都可称之为"学习者"，无论有何种学习目的、学习背景或基础。随着技术的发展，进入慕课教育时代，学习方式、可利用的学习媒体和手段都发生了改变，在这种改变下，学习者需做出以下变化：

首先，转变传统观念。观念是人类支配行为的主观意识，人类的行为受行为执行者观念的支配，而观念的形成与转变主要受客观环境的影响。学习者应改变传统观念中"被教育者教育"的身份，把握主动性，围绕问题进行不断探究，促进自身的发展。除此之外，还需转变"学习只能发生学校之中"的观念，慕课教育的网络平台上有大量免费的学习资源，学习时间和地点也相对自由，即便是已经毕业的学生，只要可以上网，学想学的知识将变成一件容易的事情。

其次，加强信息学习。慕课教育的学习资源大多以微课、慕课的形式呈现在网络平台上，如EdX，Coursera，Udacity，学习者获取信息的能力和处理信息的能力至关重要。所谓获取信息，就是在学习某一知识点的过程中，去粗取精，获取跟这一知识点相关的所有信息。在获取信息时，需要检索信息并确定信息来源，选择最佳的信息来源。处理信息是一个知识综合的过程，要求学习者综合利用各种信息来源，围绕某一问题去创造新的信息，包括对收集的信息进行归纳、分类、鉴别等。这两个过程都需要教育者在实际的教育过程中细致深入地锻炼学习者。获取信息、处理信息以及遇到问题时与他人的互动交流等，基本上都需要借助网络技术来实现，故网络技术的应用能力也是学习者必备的学习能力之一。

再次，提高自控能力。随着技术的发展，进入慕课教育时代，学习者可以真正实现自定步调。慕课教育的学习资源大多以音频或视频的形式呈现于网络平台，相对于课堂上的"直播"讲授，学习者更容易根据自己的条件把握学习的节奏，他们的双手可以在暂停键、快进键与快退键之间自如切换，根据自己的接受能力与理解程度调整学习进度的快慢。某些学习者对某一领域的知识已经了如指掌，他们就可以选择迅速浏览甚至直接跳过这部分内容；另外一些学生可能对学习相同内容感到吃力，则可以选择不断重复这部分知识讲解。这项"福利"是需要建立在学习者拥有自控能力的基础之上，网络世界缤纷复杂，不仅可以学习知识，还可以休闲娱乐等，当学习者为了学习而打开电脑，但却做着与学习无关的事情，那么即使慕课教育有再大的优势，也无能为力。所以，提高学习者的自控能力让学习者为自己负责，势在必行。

（三）教育内容

教育内容是教育者和学习者互动的媒介，也是教育者借以实现教育意图、学习者借以实现发展目标的媒介。教育工作的要旨在于根据一定的教育目的及学习者身心发展规律充分有效地利用教育媒介来促使学习者实现最大发展。目前，慕课教育的内容主要以微课、慕课等方式呈现，以翻转课堂的形式实施，将其分为线上与线下。

线上，顾名思义是指在线学习的方式。线上的教育内容丰富多彩，教育者可以从中选择适合的内容进行使用，也可以自己制作。根据其教学方法的不同，大致可以分为知识讲授型、解题演算型、实验演示型三大类。第一，知识讲授型。知识讲授型的教育内容主要为既成的事实、规则及历史已经证明的真理，不需要再去探索和证明，这种教育内容以教育者提前录制好的授课视频为主要表现形式，这是最常见，也最重要的一种教育内容。第二，解题演算型。此类教育内容主要适用于对典型例题及习题的讲解、演算过程分析、逻辑推理等，以电子白板、手写演示讲解为主要表现形式。第三，实验演示型。此类教育内容主要是对实验过程演示和重难点讲解，可以使教育者在实验室操作实验的现场视频，也可以是利用网络虚拟动画加教育者旁述讲解，适用于学习者在教育者的指导下，使用一定的设备和材料，通过控制条件的操作过程，引起实验对象的某些变化，从观察这些现象的变化中获取新知识或验证知识，这在实验类课程中较为常见。

线下，其教育内容主要以问题为中心呈现在学校教育的课堂上，其中以翻转课堂为代表。翻转课堂的任务则是帮助学生解决问题，面对不同于花大量时间讲授知识的课堂，教师将会发现自己有好多空余的时间，那么空余的这些课堂时间怎么利用？首先，教师可以用5~10分钟简明扼要地带领学生巩固本节课的教学重点。其次，让学生之间共同协作，以解决所遇到的困惑和不解。再次，通过分析网络教学平台收集到的课前问题，教师带领学生在课堂中进行讨论，并分析总结。对于共性问题，即大多数学生都难以理解或容易出错的问题，教师统一讲解；对于个性问题，教师进行"一对一"的辅导或小型教学。最后，学生将学习的成果以小组汇报、比赛、展示会等方式呈现出来。不同学科的教学内容可以视具体情况而定。

（四）教育物资

慕课教育的物资是指慕课教育所借助开展教育活动的各种物质资源，按照作用的不同，可大致分为教育媒体和教育辅助手段。

教育媒体是教育内容的载体，是教育活动中教育者与学习者之间传递信息的工具。教育媒体具有多种形式，如教科书、报刊图书资料、黑板、实物标本模型、录音磁带、电视等。随着社会科学技术的发展，教育媒体的形式也越来越丰富。教育内容离不开教育媒体，通过教育媒体的作用，教育内容可被不同的主体所操作，信息也有更多传递和交流的可能。慕课教育的教育媒体更多与计算机网络相关，一般分为两大类。一类是在制作教学视频时所使用的教育媒体，主要包括屏幕录像软件、PowerPoint、交互式电子白板、绘图工具等。另一类是交流互动平台。慕课教育多通过网络来实现，教育者教和学习者学中所遇到的问题或得到的启发需要借助一个平台来进行交流，如在线论坛、博客、在线实验室等，目前已经有不少学校和教育机构致力于此类互动平台的开发。

教育活动的开展除了教育媒体的参与，还需要一些辅助手段，这些辅助手段虽然并非信息传递的载体，但在某种情况下却是必须具备的工具或手段。作为教育辅助手段的微信、录音机、计算机等现都已被用于慕课教育领域。如某些小学已开通属于本校的微信公众号，根据低年级和高年级的学生特点，发布一些适合学生学习的知识。

二、慕课教育各要素间的组合关系

在教育活动中，教育要素被各方面条件所制约，制约条件不同，要素所处的地位也不一样，在教育中发挥作用的方式和程度也存在差异，所构成的组合也相异。依托网络技术和大数据技术的支持，学习既可以发生在线下（现实中的互动交流），也可以发生在线上（在线学习）。慕课教育也是如此，不仅可以在线下进行，也可以在线上开展，线上和线下相辅相成。各要素间的组合关系也因学习发生方式的不同而相异，线上主要包括"三角"结构和"多维网络"结构，线下为"网状"结构。

（一）线上"三角"和"多维网络"结构

1. "三角"结构

借助于技术的支撑，慕课教育的课堂教学活动以微课和慕课为载体，教育者通过对教育内容的加工，制作成短小的教学视频，并将其组织起来，或者提供相关的学习资源链接，以便于学习者学习。学习者通过移动客户端和网络平台，完成知识的自主学习。在这种情境下，各要素间组合的结构称之为"三角"结构，由教育者、学习者、慕课和微课等载体所构成。慕课教育的教学活动围绕着微课和慕课进行，包括线上的学习与讨论、课程资源的提供与设计等。

在此结构的教育活动中，还应遵循一定的要求和原则：首先，微课、慕课的制作应把握小步子原则和整体原则。微课、慕课是教育者与学习者相互发生作用的中介，其制作和使用应该以学习者的知识基础为起点，将教学内容分解成一步一步，呈阶梯状，且两个步子的跨度也应适中。除此之外，在一个个小视频的使用中，还应把握整体原则，注重知识的系统性，关注由知识延伸出的世界观、价值观等对学习者身心发展可能带来的影响，注重教育的整体效果。其次，教育者在使用微课、慕课时，应避免"依赖性"。并非所有的教育内容都适合以微课、慕课的方式呈现，如实验体验、人文情怀等。

2."多维网络"结构

关联理论的创始人乔治·西孟斯（George Siemens）认为，行为主义、认知主义、建构主义等大多数学习理论都将学习看作是发生在学习者个体内部的活动，实际上，学习还可以发生在个体的外部，通过连接各节点，形成一个学习网络，各节点在学习网络中相互作用，创生知识和技能。发生在学习者外部的学习是慕课教育课堂教学之外线上学习的主要方式，基于此，慕课教育各要素间形成的结构为"多维网络"结构。相对于服务课堂教学的线上结构，"多维网络"结构的学习者与教育者界限不再明显，个体更多的既是教育者也是学习者，可以根据自己的兴趣在平台上浏览与学习，也可以抛出自己的疑惑，与全世界各地的人们进行交流和探讨，深化认识和创生知识。在"多维网络"结构中，学习建立在各种观点之上，知识在各种观点的交流中扩充和深化，甚至生成一些新知识，在这个过程中，许多人的小努力可以弥补少数人的大努力。"多维网络"结构以节点为基础，注重各节点之间的连接，连接是形成学习网络的关键因素，故在实施过程中，应把握参与和分享的原则。个体的节点虽从属于网络，但其具有很强的自治性，参与与否受个体主观因素的影响较大，假如节点不参与，无法形成连接，那信息间的流动将会受到影响，故节点的参与是"多维网络"结构得以形成的基础。而将各节点相连接的关键在于分享，个体需要把自己的困惑或经验与他人分享，相互作用，产生碰撞。参与和分享都具有高度的自治性，虽然在实施时会有一定的困难，但两者对"多维网络"结构的重要性却显而易见。

（二）线下"网状"结构

线下主要发生在学校课堂中，传统教育的要素组合一般由教师、学生、教育内容三者组成的"三角"结构。教育内容的编排和组织按照学科的系统性和逻辑性进行，强调知识的完整性。教师和学生作用于教育内容的时间和地点也相对固定，整个教育过程大多发生在学校的课堂中。教师和学生的关系，由于教育资源的封闭和获取途径的稀少，从教学活动来看，教师处于主动和主体地位，学生相对被动。但从整个教育认识活动来看，教师和学生都是教育认识活动的主体，教育内容是被认识的客体，教师和学生通过教育内容的学习完成整个教育过程。而慕课教育注重技术的开发和应用，大大丰富了教育资源，拓宽了资源的获取途径，同时也使教育内容的载体更加多样化，其要素组合不同于传统教育的"三角"结构，是由教育者、学习者、教育内容、其他四者组成的以问题为中心展开的"网状"结构。

线下的"网状"结构围绕着问题，将教育的各个要素相联系。慕课教育的教育者和学习者是广义上的，不仅包括教师和在校学生，还包括教育工作者、教育管理者、社会成员以及参与教育活动的其他人员。既然慕课教育的活动是以问题为中心展开，那么问题会来自哪儿？其来源有三：第一，利用大数据技术，对学习者先前教育内容的学习进行统计和分析，得出的对于教育内容所不理解和困惑的地方。第二，基于教育者多年的从教经验，即在进行教学之前预设的问题。第三，教育者和学习者对于日常生活的观察。基于培养学习者核心素养的要求，教育者将打破学科结构，根据问题，对教育内容进行组织和编排，并且在编排的过程中把握"生活化"的原则，以便于学习者更深刻地理解和掌握所学内容。学习者对于内容的学习方式也更加多样化，借助于丰富多样的教育物资，除了被动地接受，还可以围绕着问题，通过搜索相关的学习资源，进行自主性、探究性、交互性学习。对于结构中的其他因素，包含着多种多样的有利于教育活动开展的未知因素，如社会工作者、教育情境、家长等。在关于法律知识的教育内容方面，教育者可以通过向律师请教一些基本的律法知识，或者请律师讲一些日常生活中所碰到的有趣案例，将其录成视频，帮助学习者对相关的法律知识形成一个全面深入的认识，在这个过程中，律师就是慕课教育结构中的其他因素。

"网状"结构以问题为中心展开，故在其实施中，所遵循的原则也应基于问题。首先，学习者的问题意识。问题是此结构中教育活动开展的中心，学习者是教育活动的主体之一，教育者要相信学习者具有自我实现的潜能，培养学习者发现问题、解决问题的意识，并提高其能力。其次，教育者的问题指导。在学习者遇到问题和障碍时，教育者应把握"指导"原则，帮助和引导学习者解决问题、扫除障碍，而非"代劳"，直接告诉其答案。

三、慕课的影响

慕课作为新型教育发展模式，正在日益冲击着传统教育，给学生、教师和学校都带来重大的影响，也在进一步冲击传统教育的改革。越来越多的高校加入全球慕课在线教育平台，慕课已经对当今世界教育发挥着重要的作用与影响，成为教育改革的新方向，在教育平等性上毫无疑问地推动着世界教育的发展进程。

（一）慕课对学生的影响

传统教育模式下，学生只能通过高考才可以获得高等教育，而那些落榜考生便无缘优质的高等教育资源，教育的公平性也一直没有实现。但是在慕课网络课堂，学生只需要拥有计算机和网络，注册慕课网上在线学习平台，就可以尽情地获取各式优质学习资源，自由地选择学习课程，选修学分，修满足够的学分还可以顺利毕业，拿到心仪学校的毕业证。这些在传统教育模式下是不可能实现的。慕课打破传统教育的封锁，使学生由被动学习变成积极自主的选课学习，学习主动性和效率大大提升。另外，慕课平台的教学管理也相对严格，学员选课后要想得到相应的学分，必须严格按照规定完成学习任务，类似学员作业的相互批改、小组合作等都提高了学员的参与度，加强了学员的自我学习管理，对学生自身也有了更高的要求。慕课的线上学习评价系统也相当完备，加之高科技信息技术的协助，慕课在线网络课堂对学员的自我教育、自我管理、自我激励、自我约束等方面会有更大的提升。

（二）慕课对教师的影响

慕课在线网络课堂对教师群体产生了重大影响，不仅对教师教学水平提出了更高要求，对教师本人的综合素质也提出了挑战。慕课网络课堂将传统以教师为中心的教学模式转变为以学生互动、研讨为核心的对话式教学，学生的主体性、自主性得到提高，教师也将被置于一个公开、平等的舞台上，接受全国社会各界乃至全球广大学习者的评价，这无疑给高校教师带来了压力。在新型网络教学模式下，学生自主在课前通过慕课在线网络观看教学视频，完成学习任务，而在课堂上更多的是参与话题设置，与教师、同学交流研讨等，教室变身为师生间深度知识探究、实践的场所。这种教学模式对学生的学习具有重大的革命意义。同时慕课教学模式下多向式的互动改变了传统师生关系，维系了师生间"亦师亦友"的美好情谊。

对于慕课网络教学模式下的一系列新挑战，高校教师不能否定、回避和排斥，应该积极应对。一要提高自身学习能力和信息素养，适应时代发展的需要。高校教师应该高度关注慕课的发展进程和新的资讯，同时学习先进的网络信息技术，熟练运用新媒体，积极参与网络课程的录制等。二要提高教学能力。高校教师要适应慕课教学模式下的开放性课堂，对于课堂互动性的设置也要提供新的解决方案，转变教育观念，改变传统课堂教学方式，提高教学技能。三要提高科研能力。慕课教学模式下的课程是公开开放资源，只有优质的精品课程才可以使大众认可，才可以在网络平台上受到欢迎和认可。高校教师必须提高科研实力，注重整个教学团队建设，不断提高丰富优质的教学资源并努力协作打造精品课堂，以供慕课平台的检验。

（三）慕课对学校的影响

慕课的出现打破了高等教育垄断优质教学资源的局面。面对慕课网络平台的猛烈冲击，传统高校绝对不能回避，不能置身度外，必须高度重视并积极应对，主动参与，并将自身弱势转换为机遇，改革教育教学模式，实现高校优质教育资源共享。首先，各大高校必须要加强网络信息建设，主要针对的是硬件的信息化和人才自身信息化能力建设。高校应该推进建设数字化、智慧化校园等，打造校园慕课平台，推进自身优质教学资源的国际化宣传推广。高校间可以强强联手，一起构建高校共享联盟，将资源聚合，实现优质课程教学资源的开发和共享。其次，高校必须改革教学模式。慕课网络在线教学模式下的混合式教学模式、翻转课堂模式也都可以尝试，我国高校传统的大班授课的教学方式不仅枯燥，更没有效果，这些都是弊端，必须改进。传统高校在授课中可以设置更多互动研讨的环节，借助新媒体技术来使知识慕课得到更加生动形象的表述，提高课堂教学实效性，为高校教育教学改革提供新的思考。

（四）慕课对整个高等教育的影响

除了学生、教师和学校，慕课还会对整个高等教育产生影响。不可否认，慕课对高等教育的影响巨大，它的出现可以改变现今传统教育的两个弊端：一是资源垄断；二是教学模式单一死板。慕课在线网络课堂的公开、免费获取给传统高校致命一击，因为在传统高等教育时代，普通人必须获得高校准许和缴纳学费才可以获得的课程资源，现今慕课平台全部免费呈现给学员，加之全球各国名校在慕课平台的入驻，更是博得广大学习爱好者的追捧。慕课的免费获取力证了高等教育的公平性，有利于实现各国文化的交融、共享。同时，慕课有利于传统教学模式的变革，授课理念、授课方式都将发生重大改变，慕课模式下的混合教学模式将大大提升教学水平和教学质量。尽管从目前来看，传统教学模式和地位暂时无法撼动，但是慕课网络授课模式会以辅助的形式参与到混合教学模式中，它仍会对整个教育产生持久而深远的影响。

第三节　慕课教育的发展趋势

教育是社会的一个子系统，两者相互影响。随着社会的不断发展，教育需要不停地改变，同时，教育的发展也在促进社会的变革和进步。在人类社会的发展历程中，教育形成了多种形式，由传统教育到现代教育，再到现代教育中的素质教育、实践教育、智慧教育等，以至现在出现的慕课教育。无论哪种形式的教育，始终离不开学习者的发展，最终的目的是为了学习者的成长。慕课教育的学习方式、教育结构等相对于传统教育，发生了许多变化，教育结构的变化必然会带来教育其他部分的变化，这是肯定的，但将会发生哪些变化？变化成何种形式？而这些却是未知的，在这里不妨尝试着对其进行探讨。一种教育形式的产生和发展，包括许多方面，现着重对教育组织形式及教育评价进行讨论。

一、教育组织形式

任何教育活动都离不开一定的组织形式，教育组织形式也一直在不断地发展。

（一）课程内容的综合化

慕课教育的学习分为两种方式，发生在学习者内部的学习和发生在学习者外部的学习。内部学习主要是学习者跟着教育者进行，在这个过程中，除了传统的接受式的学习，也包括自主学习、协作学习等，但教育者是贯穿整个学习过程的重要角色，帮助学习者更好地完成知识内化和思维培养。外部学习则相对更轻松自由，整个过程完全由参与学习的个体所把控，基于兴趣或疑惑同全世界的人们进行交流，参与者可以是教师，也可以是医生，还可以是警察等，我们将之统称为"学习者"。无论是内部学习还是外部学习，其课程内容的组织形式都需要由学科化向综合化方向发展。

传统教育中，课程是教师传授知识的主要依据，也是学生学习知识的重要工具。课程内容一般依照学科逻辑结构进行编排和组织，便于学生接受系统的知识学习。课程组织包括诸多要素，涉及课程目标、课程内容、课程类型、课程实施及课程评价等。在大数据和教育技术盛行的慕课教育时代，只围绕着书本知识的课程目标和课程内容将满足不了学习者的学习需求，更不符合学习者的学习方式。因为课堂不再是学习者获取知识的唯一途径，课程内容也不再是知识的唯一载体。面对此种教育现状，学习者需要的不仅仅是知识，更需要的是获取知识的能力、选择知识的能力及自主学习的能力。故慕课教育将培养学生的学习能力放在课程目标的首位，但这并不意味着知识技能不重要，而是在学习必备的知识技能和文化修养的同时，更注重培养学生的学习能力，其中学生的学习兴趣尤其重要。在知识的内部学习中，教育者需要做的是：通过学习者的知识需求，形成一个问题网络，由学习者自主地在众多课程资源中有目的地进行选择，完成问题探究。这样在保护学生好奇心的同时，也培养了其独立思考的能力和解决问题的能力。

在知识的外部学习中，根据学习者兴趣或疑惑所进行的交流，由一个节点所连接的不同个体的节点组在一起，也可以将之称之为"课程"，在网络平台上，通过与其他学习者的交流，巩固和拓宽知识面。以问题和需求为学习的出发点，并且在自主学习的过程中，不断解决自己的问题，这正是慕课教育所倡导的学习方式，围绕着这种学习方式所形成的课程组织形式必然要去学科化，走向综合，以满足学生的个性化学习需要。除此之外，课程内容及实施也要为学生走向社会打下基础。作为社会中的人，首先需要了解自己所处的社会，学习如何与他人和谐共处，如何处理人际关系等社会规范。其次学会改变，在当今快速变化的社会，我们会遇到各种各样的问题，学会改变，以便解决所遇到的问题。慕课教育注重培养学生健康的心态，因为心态与生活互为因果关系，有什么样的心态就会有什么样的生活，尤其在独生子女普遍的当今社会，学生大都有强烈的自我中心意识，培养学生阳光、乐观的心态，增强自我管理能力就显得尤为重要。

（二）教学形式的个别化

慕课教育强调学习者的自主性和主动性，给予学习者相对的自由思考空间和学习空间，但并非所有的学习者都具备自主学习的能力，对于基础教育领域的学习者，其身心各方面的发展尚不完善，自主学习能力、时间管理能力、自我调控能力等仍需培养，故在基础教育阶段，正式的制度化教育仍是慕课教育的主体。那么在这个阶段，慕课教育的教育者以何种形式把学习者组织起来，并通过何种形式与之发生联系？教学活动如何安排？教学时间如何规定和分配？集体中的个别化教学可能较为符合慕课教育的理念和学习者的学习方式。

教学组织形式大致可以分为两种：个别教学制和集体教学制。个别教学制是历史上出现最早的教学组织形式，由于当时受教育的人数少，且年龄层次和知识水平相差悬殊，教师只能根据不同学生的水平分别施教。其优点在于教师可以根据学生的特点因材施教，使教学内容、教学进度适合于每个学生的基本状况。也正因为这种师生之间一对一的教学组织形式，使教师无法在学生有限的时间内有效地影响更多的学生，使得个别教学只能处于低效率、小规模、慢速度的状态，且学生之间难以相互观摩、共同成长。集体教学制以班级授课制为代表。相较于个别教学，班级授课制具有高效、经济、规范等优点，也有利于学生在集体中相互切磋与启发，但它本身也存在先天的不足，如统一的教学进度难以照顾学生的个别差异，教学活动多由教师做主，不利于发挥学生的主动性等。

传统教育以集体教学制为主，但随着科学技术和现代教育技术的发展，学生的学习方式和学习需求发生变化，教学组织形式也需随之改变。慕课教育的出现，教学组织形式由集体教学转向个别教学，这个转变表明的是以个别教学为主，集体教学为辅，即集体中的个别化教学，集体教学还是存在于慕课教育的教育过程中，只是地位发生变化而已。慕课教育提倡的个别教学不同于古代的个别教学。古代实行个别教学是受当时社会生产力发展水平低下的影响，受教育的人数少，如今的个别教学通过教育技术的支持，在多数学习者中实行个性化教学，此个性化教学是基于学习者的实际学习情况来进行的。在目前的教学组织形式改革中，翻转课堂比较恰当地呈现了慕课教育关于教学组织形式的理念。当今学校和教师面临的诸多难题中有一个便是：一个班上学生的能力水平千差万别，课堂上会有各种各样的学生，有的非常优秀，有的非常普通，有的对所教授的内容吸收得特别快，而有的连书都不会读。翻转课堂中的课程内容在进行教学之前提前录制，有特殊需要的学生可以一遍又一遍地反复观看视频，直到他能掌握其中的内容，学生不必再疯狂地记笔记，寄希望于课后去理解，在这种模式下，学生可以随时把教师"暂停"或"重放"，满足学生的个性化学习需求。课堂上，教师有充分的时间对学生进行个性化辅导，聚焦于每个需要帮助的学生，促进学生的个性化发展。

（三）管理取向的问题化

社会的进步、教育的发展通常与新技术的出现相联系。没有印刷术的发明，就很难有班级授课制的诞生。同样，如果没有现代数字化技术与大数据分析的支持，以问题为中心，强调个性化学习与终身学习相统一的慕课教育也很难实现。问题贯穿于慕课教育活动的各个环节以及方方面面，教育管理形式当然也不例外。慕课教育管理形式以问题为中心，组织学习者进行学习活动，问题主要包括学习者的兴趣和疑惑。以问题为中心的教育管理形式可能朝着两种方向发展：一种是对传统教育学校管理的改良，另一种是网络平台的自由管理形式。

传统教育学校管理的改良形式。传统教育以学校为主要的管理形式，在学校里，又将学习者的年龄阶段划分为班级进行管理，这种管理形式有其独特的优势。学校是人类发展到一定历史阶段的产物，特别是伴随着大工业产生的现代学校，一开始是为了让人尽快地掌握知识和技能，这样的制度与大工业相适应，强调的是效率和集体。在慕课教育时代，人的学习更加多样化、个性化，从注重知识的学习到注重学习能力的培养，培养方式和侧重点的不同，教育管理形式自然也就不同。慕课教育可以采用传统教育学校的班级管理形式，但班级的划分方式不同，以学生在学习过程中遇到的问题，或者学生的学习水平为主要依据。除此之外，学校也可以办出自己的特色，提供某方面的优秀资源，鼓励学习者进行选择，以满足学生的个性化教育需求。这样的学校便不再只是读书的场所、传授技能的地方，而是学习的中心，给学习者提供一起玩耍、交流、分享的场所，但学习者的学习任务则是个性化的。教师借助于当前的信息技术，准确捕捉、分析与呈现学生网上学习的详细情况，如学生学习什么内容，学到了什么程度，学习某一内容时花费了多长时间，以及完整的学习进程是什么样的等，这些宝贵的数据为分析和诊断每位学生学习的情况提供了依据，也进一步促进教师为学生提供有针对性的指导。根据这些数据分析的结果，将学生分在不同的班级学习不同的内容，让有相同或相似学习基础和学习需要的学生走到同一个教室内，由相应的教师对其进行教学，解决其共同存在的问题，提供相似的教学指导等。对学生现有学习情况的了解和把握是极为重要的，而现代数据分析技术为其提供了有效的支持，慕课教育以问题为中心的教育管理形式也有实现的可能。

网络平台的自由管理形式。对于具备基本学习知识和技能的学习者而言，他们可以在线上进行学习活动，全世界各地的学习者基于问题进行讨论交流，知识在他们之间流通，互相影响，创生更多的知识，形成一个良性循环，而慕课教育所需要做的就是提供自由交流的平台，无须包含丰富的教育资源，管理形式相对自由。个体的时间和精力有限，所经历的事情也非常有限，但可以通过与他人的交流扩大认识面、丰富人生阅历，教育信息化技术将这种交流面积扩大到全国乃至全世界。聚集在网络平台中的参与者自由且自愿地倾听或发表看法，对于所讨论的观点接受或拒绝完全由自己决定。

二、教育评价

在现代汉语中，评价就是评定价值的意思。教育评价则指的是在系统地、科学地和全面地搜集、整理、处理和分析教育信息的基础上，对教育的价值做出判断的过程，目的在于促进教育改革，提高教育质量。由此可以看出，教育评价的本质是对教育的价值做出判断。教育价值主要体现在两个方面：教育对人的价值和社会的价值。社会的进步和发展引发了慕课教育的出现，教育者教和学习者学也在不断地改变，作为评判价值的教育评价也需要做出相应的改变，以检验慕课教育是否符合当今历史潮流发展，能否提高教育质量、促进学习者的个性化发展、提高学习者的学习能力。慕课教育中关于教育评价的发展趋势主要有：评价方式的多样化、评价内容的能力取向和评价主体的多元化。

（一）评价方式的多样化

关于教育评价的方式大致可分为相对评价、绝对评价和个体内差异评价。教育评价方式由教育评价目的和功能所决定，教育评价目的的改变，其评价方式也随之改变。教育评价的目的和功能各种各样，为了改进形成性功能，为了选拔、鉴定和教学核定的总结性功能，为了激励和增强意识的心理或社会政治功能，执行权威的行政管理功能等。虽然教育评价方式有三种，但传统教育的评价方式比较单一，以绝对评价为主，重视学生的分数和成绩，追求升学率和少数学生的发展，这也导致了教育评价功能的单一性：为了选拔、鉴定和教学核定的总结性功能。慕课教育的评价方式依旧采用上述三种方式，但与传统教育不同的是，慕课教育将三种评价方式综合起来，相互结合使用，发挥各自的优势，因为慕课教育的目的与传统教育相异，强调的是学习者的学习能力和个性化发展。除此之外，在慕课教育的评价过程中，会使用多种多样的网络评价软件，充分发挥教育技术的作用。比如在学习新内容之前，通过网络技术对学习者的能力、基础等进行辨别和评分，对于不具备学习新内容条件的学习者，一方面予以补缺，另一方面将之分置于能力较低的班组；对于已掌握新课程教学目标的学习者，为其确定合适的教学起点，使之对所学内容不至于感到厌烦或没兴趣。之后利用相对性评价，根据学习者在学习过程中的表现，测定学习者掌握知识的程度，帮助学生将注意力集中到要达到的掌握知识的程度上。最后对每个学习者的各方面学习情况进行总结分析，分析时从两个方面进行：一是比较学习者的过去和现在；二是比较学习者的几个侧面。绝对评价、相对评价和个体内差异评价的结合，可以促进教育者更准确地掌握学习者的信息，同时也使学习者更了解自己。

（二）评价内容的能力取向

一直以来，教育评价内容围绕着过程和结果来进行。以泰勒为代表的目标评价模式，强调教育的评价应以目标的实现程度作为依据，主张先制定目标，然后再根据制定好的目标来选择和组织学习经验，最后对目标实现的程度进行评价。这种模式简单明了、逻辑严密且层次分明，易被掌握和运用，但回避了教育的价值问题，只重视了对"结果"的评价而忽视了对过程的评价。之后许多教育家进行反思和探索，如CIPP模式、目标游离模式、应答模式等。

传统教育的评价内容以目标的实现程度为主，这并非是不好的举措，关键在于目标的确定是否符合教师和学生的发展需要。随着社会的变化和发展，以及学习方式的改变，传统教育以课堂知识的完成程度作为目标略显狭窄和不妥。慕课教育的目标不同于传统教育的目标，目标的改变也必然带来教育评价内容的改变，在信息化社会大背景下，慕课教育认为，掌握知识不如拥有学习能力和批判性、创造性思维。任何发展都是学习者的自我发展，学习终究是学习者自己的事情，所以在开放教育的时代，学习者必须学会正确地观察和分析各种事物，对大量流通的信息进行筛选，分清主次、辨别真伪，形成批判意识，以及对信息进行深层次加工和利用的能力，这就是慕课教育的目标，即慕课教育的评价内容。

（三）评价主体的多元化

评价主体就是主导评价活动的人或团体，可分为自我评价和他人评价两大类。具体可分为三层：一是决策者和管理层，包括教育行政部门和评价专家等；二是教师层，包括学科带头人、备课组长和任课教师等；三是学生层。在传统教育中，教育评价的主体表现为自上而下的"单向性"：即如若评价对象是教师，则评价主体为学校的行政管理部门；若评价对象为学生，则评价主体为教师。作为评价对象的教师和学生几乎处于被动地位，很少有参与的机会。在慕课教育的评价过程中，其主体大致也是上述三层，但摆脱单一模式，向多元化方向发展，将自我评价与他人评价相结合，在自评的基础上进行他评，以保证评价的客观性和准确性；然后根据他评来进一步进行自评，综合发挥两种评价的优势。评价的指向为"多向性"，教师与学生可以相互评价，教师不仅可以评价学生，学生也可以评价教师，并且学生的评价将会对教师产生重要影响。与传统教育最大的不同是：慕课教育通过教育技术的应用，学生可以看到整个评价的过程，包括评价标准、评价内容、评价结果等，使评价过程更加透明化，更突出了学生的评价主体地位。

三、慕课对教育的启示

慕课作为新兴的一种网络教学模式，从进入人们的视野再到现在的蓬勃发展，世界上各知名学府的趋之若鹜也才仅仅用了两年的时间。它的发展速度和规模是人们始料未及的，但是从另一个侧面就能体现出这一种新兴网络教学模式旺盛的生命力。通过对比两种教学模式，在慕课的身上，我们看到了未来网络教学的发展方向，以及传统教学模式与网络教学模式结合的巨大可能性。

（一）学习本源的回归

在过去，传统教学陷入了尴尬的境地：教师主导地位过强以至于学生主体地位被忽视，学生被戏称为"考试专家"，创新能力却极度匮乏。在对这一系列问题进行反思时，现代教育理论开始重探教师与学生、学生与教材、学生和学生之间及学生个体发展与创新能力发展之间的关系。经过多年的研究和实践证明：教学的中心和重心是学生，教育和教学的根本目的是促进学生个体的全面发展，要想确保学生的主体性的实现就要将教学的重心真正地转移到学生身上来，这不仅仅是重心的转移，而是学习本源的回归。在教学活动中，学生是学习的主体，是积极的学习者，而不是被动的学习者。学生的学习过程就是知识因个体差异而内化的过程及主体选择和重建的过程。从社会要求学生学什么，到学生想要学什么，这是学生观的重大转变。

在慕课教学模式下学生的选课完全出于学生自身的兴趣、爱好和需要，并且全部课程没有选修课和必修课这样的区分，所以在教师确定教学目标和课程进度之后，其作用更多的是帮助者的角色，怎样最大限度地满足不同层次学生的要求、如何维持学生的学习动机是教学环节中的重头戏。慕课教学模式与传统教学模式相比，给予了学生更多的自主性，在学习完教师所讲内容之后，学生有更多的自主发挥的空间，师生互动和生生互动也更加频繁。作业实行同伴互评更为来自不同国家和地区的学生发生思想上的碰撞提供了宝贵的平台。同样是学习知识，在慕课教学模式下，将学什么、怎么学、什么时间学、以何种步调学的决定权交回到学生手中。尤其是翻转课堂，课下学习知识，将问题带到课上，它改变了传统教学中教师将更多的时间用来讲授，而真正需要花时间处理学生各种问题的时间却少得可怜的尴尬局面。在课上，师生之间、生生之间就不同的问题进行更多的交流。由于课堂教学内容是开放式和发散式的，这就需要培养和发挥学生的自主探索和创新能力，这就在教学内容方面确保了学生主体性的实现。在强化学生主体地位的同时又加快了学习本源回归的步伐。学习本源的回归归根结底就是以学生为本。

（二）信息技术与教育更深层次的结合

网络技术对人们生活的方方面面都起到了巨大的推动作用，但是唯独在教育这一领域的影响力的确少得可怜。卫星频道、广播电视、计算机技术等在当今的教育教学领域所取得的成绩和作用却是边缘化的。虽然全世界范围内的网络大学、广播电视大学及社区学校为缓解教育矛盾提供了不少的力量，但是因为其入学门槛的限制和教学模式的落后以至于对整个教育大环境的改善的效果就显得很力不从心了。

现代信息技术打破了人们学习时空的界限和物理环境的阻隔；改变了教师的教和学生的学；大量的图书馆、资料室、机关企业在互联网上织就成了一张巨大的信息网，在极大地丰富学习资源的同时，又大幅度地提高了人们学习活动的效率和效能。同时，网络教育教学又为人类实现终身学习提供了一种简单有效的方法和途径。现代信息技术使资源的共享成为可能，从而推动了教育民主的发展。网络课程的费用较传统教学来说大大降低了，教育成本的降低使得优质教育的门槛也随之降低。

（三）教师和学生之间的双赢发展

1.教师

教师如何更好地利用现代信息技术来充实自己，同时又能提高和改善教学质量，这一现实问题就摆在了教师的面前。慕课教学模式就为我们提供了很多值得参考的经验。

第一，在新的教学形势的要求下，传统老旧的教学方法和教学技能已经远远落后于时代发展的要求了。在信息时代，教师要积极地转变自己的能力结构，不仅要有过硬的学科能力和教育学的相关能力，还要具备运用和处理信息的能力、教学研究能力和终身学习的能力。

第二，网络教学与传统的教学相比，省去了很多开场语和教学中维持教学秩序的语言，力求做到语言的精练。所以说，在网络教学模式下，教师要比平常更加精雕细刻自己的用语，如何能够在较短的时间内抓住所有网络学生的注意力，这可不是做做表面功夫就能完成的，这需要教师长期的自我教学反思，总结经验。

第三，网络教学的教学内容相对传统的教材来说要相对地开放，可以在教学过程中加入最新的科研知识或者最新学术动态，甚至一堂课教师只讲授新知识，而书本上已有的知识只作为课前的基础阅读。有的教师还将教室搬出课堂，走进自然或者实验室，让学生能更加直观地学习知识。所以说像过去那样教师只凭借着备好教材就能讲好一堂课就变得不现实了。在新形式的要求下，要求教师不断地充实自己，不断地更新知识，从而做到更多的输出。同时，还要求教师调整教学方式，以便最大限度地适应不同学生的学习习惯。

第四，在大数据时代，信息技术会为提高教师的教学效率提供不可忽视的技术支持。教师通过分析学生的作业情况，从而得知在一道问题上有几千个学生犯了同样的错误。随后，他反推教学过程，在同学生交流时得知学生犯相同错误的原因，因此他特别制作了一段纠错视频放到课程网站上供学生观看。信息技术应用于教育教学中让教育科学化变为现实。

第五，信息技术的革命必然会冲击到传统的教学手段与方式，教师想要通过只研究学术而获得专业技能的提高就显得过于保守了，是否具有熟练地运用信息技术的能力也是新时期对教师职业发展的新要求所在。

2.学生

时代的快速发展使得传统教学陷入尴尬的境地：一方面是知识的快速增长使学生需要学的知识在不断地增加；另一方面，为了减轻学生的学习负担，即使在知识量猛增的情况下，又不能增加学生的学习时间。怎样缓解这种矛盾？从世界各国的教育改革趋势上看，教育要从单纯地传授知识过渡到在传授知识的同时又要培养学生的自主学习和探究能力及自主创新能力。这时学生就从被动接受知识的容器变为自主构建知识的主体，互联网上丰富的课程资源为这种转变提供了强大的需求支持。与此同时，方便的资源获取渠道，又为学生的选择性学习提供了更为广阔的发展平台，还为学生的网络学习提供了开放性的学习环境。让学生在学习知识的同时，还要学会如何学习、如何构建和更新知识框架的能力。在信息时代，学生还要具备信息素养，即在纷繁复杂的网络环境中，怎样使用有效的手段来收集、分析、交流和创新信息，并形成健康的世界观、人生观、价值观。

（四）混合式教学模式的前景广阔

从教与学两个方面来讲，混合式教学模式就是结合了面对面教学的传统的授受式教学模式及互联网上的网络教学模式。它不是两种教学模式的简单地相加，而是两种教学模式各个部分的有机融合。这种融合包括了五个方面：学习理论的融合、学习资源的融合、学习环境的融合、学习方式的融合及学习风格的融合。第一，学习理论的融合。现如今教育理论和学习理论流派众多，每个流派都有其优势和不足。目前，教育学领域内尚且没有形成一种万能的理论。所以说在实际的教学实践中，要运用多种不同的理论来指导教学实践。第二，学习资源的融合。科技的发达给学习者带来了丰富的学习资源，除了教材与网络，手机上网的普及给学习者提供了更为丰富和广阔的资源平台。第三，学习环境的融合。学习者不但可以在现实的教室里学习，还可以在虚拟的网络课堂中畅游知识的海洋。第四，学习方式的融合。课堂中的讲授讨论、学习者自行组织的课下见面会、线上学习等，让持有不同学习目的的学习者们可以通过不同的学习方式来达到自己的目的。第五，学习风格的融合。不同的教学模式可以调动学习者不同的感官，从而让学习者形成不同的学习体验。

网络教学模式与传统教学模式不是替换与取代的关系，而应该是继承与发展、取长与补短的关系。传统的教学模式仍然是学校教学的主要阵地，在系统地传授知识和培养学生情感和发展人际交流能力等方面发挥着不可替代的作用，这种作用的发挥是不受时间或者科技的进步所影响的，这也是传统教学模式最本质的特征之一。网络教学模式虽然受很多客观因素的制约，以至于应用范围没有传统教学模式那么广，但是其在培养学生知识构建能力和创新能力、获得信息分析与处理能力等方面的作用却是不可小觑的。学校在教学中要将这两种不同的教学模式有机、平衡地结合起来，既可以弥补传统教学模式的短板，又可以发挥网络教学模式的长处。因此，大力发展混合式教学模式是我国教育改革的发展方向之一，而慕课教学模式及其延伸模式为这种发展提供了无限的可能和空间。

第五章

翻转课堂的教学模式

第一节　翻转课堂教学模式的理论

翻转课堂的出现，使掌握学习得以真正实现，借助信息技术的支持，使得个性化辅导更易实现。在翻转课堂中，通过视频课程，学生真正能根据自身情况来自主安排和控制学习，观看视频的节奏全由自己掌握，掌握了内容的快进或跳过，没掌握的内容倒退并反复观看，也可停下来思考或做笔记。之后，课堂上的指导和互动更具针对性和人性化。

一、布卢姆的掌握学习理论

从翻转课堂本质上来看，翻转课堂的理论基础主要包含掌握学习理论、混合学习理论和建构主义学习理论。

（一）掌握学习理论的定义

掌握学习理论是由美国当代著名心理学家、教育家，芝加哥大学教育系教授布卢姆提出，它是美国20世纪五六十年代教育发展的产物。掌握学习理论是指只要学生所需的各种学习条件具备，任何学生都可以完全掌握教学过程中要求他们掌握的全部学习内容。布卢姆指出：如果按规律有条不紊地进行教学，学生面临学习困难的时候给予帮助，为学生提供足够的时间来掌握知识，对掌握知识规定明确的标准，那么所有学生事实上都能够学得很好，大多数学生在学习能力、学习速度和进步的学习动机方面会变得十分相似。在总结前人研究的基础上，布卢姆基于自己的教育理论知识提出为"掌握而教"的思想，进而提出掌握学习理论。

布卢姆的掌握学习理论是在卡罗尔学习理论的基础上发展起来。他吸收了卡罗尔提出的学习理论中的五个变量，进一步为掌握学习理论构建出模型，并在自己的教学实践中得到印证。这五种变量包括：学习时间、学习毅力、教学质量、理解教学的能力和能力倾向。这五种变量相互影响，最终影响学生的学习效果。

（二）掌握学习理论的核心思想

为掌握而教。大多数学生能够掌握我们所教授的事物，教学的任务就是要找到使学生掌握所学学科的手段。这就是为掌握而教的核心思想。作为教育者必须要改变传统的教育思想，树立新的学生观。勇于质疑传统的教学思想，改变传统的认为学生的学业成绩正态分布的思想。布卢姆认为学生的学业成绩分布是完全可以改变的。

布卢姆提倡的是一种新的学生观，相信学生在教师的引导下可以学好专业知识和提高学习积极性。

（三）掌握学习理论的实施程序

掌握学习理论不仅是一种理论、一种思想，也是一种策略，它教我们怎样去实施。在掌握学习理论中，布卢姆提出了教学评价的新概念：即诊断性评价、形成性评价与总结性评价。

在实际的教学过程中，需要对学生一个阶段的学习做出评价，即诊断性评价。形成性评价的目的是为了给教师与学生提供反馈。布卢姆认为，掌握性学习策略的实质是：群体教学并辅之以每个学生所需要的频繁的反馈与个别化的矫正性帮助。反馈通常采用诊断性的形成性测试形式，表明学生已经掌握了哪些任务及还有哪些需要掌握。提供个别化的矫正性帮助能使每个学生领会其未领会的重点。从而调整教学过程，针对学生的实施掌握情况开展教学。总结性评价是指在教学结束时所做的评价，目标是为了给学生评定成绩，或为学生做证明，或者是评定教学方案的有效性。评定学生一学期、一学年或者一个学习单元所掌握的程度，对学生的总体情况做出更为全面的评定。

三阶段的评价构成了一个循序渐进的教学过程，反馈与矫正贯穿在每个教学的环节。教师通过每个阶段的评价不断改进自己的教学，提高教学质量，在各个评价学习阶段针对掌握者提供个别化的指导与帮助。学生通过每个阶段的评价发现自己存在的问题，弥补自己知识的不足，真正为自己的学习负责，成为学习的主人。在掌握学习进行过程中，未掌握学习者不断减少，逐步达到每个学生都能掌握的目的。

（四）掌握学习理论的评价

掌握学习理论是一种新的教学观、新的学生观，为我们的教育实践工作提供了一套全新的教育研究方法。它也从根本上解决了教育上的最大误区，即"牺牲多数，保证少数"的正态分布理论，为我们改进教学方法、提高教学质量提供了新的途径和思路，之前我们一直采用传统式的教学方式，以追求少数学生的成绩为根本教学任务，忽视大部分学生的一般发展，然而布卢姆的翻转学习理论为我们的实践教学提供了新的视角看待教育问题。

掌握学习理论是在特定的背景下产生的，它作为一种教学理论和策略，有其适用的条件限制和约束，比如说它适用于基础理论、基础课程等封闭性课程的教学，对于创造性强的开放性课程不适用。同时在掌握学习理论的实施上也存在问题。掌握学习理论在实施中强调"反馈—矫正"，这个过程会浪费很多时间和精力，但是可以保证一般学生的普遍性发展。掌握学习理论可以保证学生知识的掌握和巩固，但是在某种程度上会忽视成绩所不能代表的学生的其他方面能力的发展问题。

二、学习风格理论

（一）学习风格的定义及影响因素

学习风格理论最早由美国学者哈伯特·赛伦（Herbert Thelen）提出。学生集中注意并试图掌握和记住困难的知识和技能时所表现出来的方式，包括学习者对学习环境的选择、学习情绪，对集体的需要及生理的需要。学习风格是学习者所偏爱的一种学习方式。它说明学习者在解决相关问题的过程中会表现出稳定的具有个人色彩的特点。研究学习风格可以为我们探索学习者的差异性提供价值。

从影响学习者风格的影响因素出发对学习风格做出全面的分类，影响学习风格的因素包括环境类要素、情绪类要素、社会类要素、生理类要素和心理类要素等五个方面。

根据学习者如何获取信息和加工信息把学习者分会为四类：同化型、聚合型、发散型和顺应型。同化型和发散型学习者通过抽象化观念思维获取信息，而聚合型和顺应型学习者通过具体的经验获取信息。在加工信息方面，它们也表现出不同的方式：聚合型和顺应型学习者通过积极的实验，同化型和发散型学习者通过观察与反应加工信息。因此只有在学生的学习风格与教师的教学风格相吻合的情况下，学生才更有可能在自己擅长的领域有所突破。

不同的学习者有不同的学习风格。学习者所处的社会环境、家庭环境、学习环境、社区环境等这些外部因素及性格特征、认知特点、个人的观念等内部特征都会影响到学习者的学习风格。正是这些复杂的因素导致了学习者不同的学习风格。

（二）学习风格理论的分类

学习风格理论主要包括感知学习理论和认知学习理论。

感知学习理论把学习者分为视觉型的学习者、听觉型的学习者和触觉型的学习者。视觉型学习者主要通过观看图片、电影等视觉性材料来学习，阅读和直接的视觉刺激可以给他们带来更好的学习效果；听觉型学习者主要通过听和说的方式进行学习，他们喜欢讨论会和小组研讨的学习方式。他们在课堂上提问和回答问题积极踊跃；触觉型学习者更喜欢亲身体验来学习，不喜欢一直"静坐"的学习方式，他们的动手能力很强，喜欢角色扮演与游戏等活动。

认知学习理论根据个体受环境影响的程度把学习者分为场依存型学习风格与场独立型学习风格。场依存型学习者很难将自己同周围的环境分开，乐于与伙伴进行协作活动；场独立型学习者善于从整体中分出各个要素，不容易受环境的影响和外界的干扰。

学习风格理论告诉我们：不同的学习者具有不同的学习风格。然而不幸的是，学生并不能根据教师的教学风格来选择适合自己的学习风格。教师也不可能被期望改变自己来适应所有的学生。因此，有着多种教学风格的课堂才更可能增加学生的表现。

（三）学习金字塔理论

"学习金字塔"最先由美国学者爱德加·戴尔（Edgar Dale）提出。他以语言学习为例，在学生初次学习两个星期之后，会发现不同的学习方式会导致不同的学习结果。具体来说，从塔尖到塔基分别为：通过阅读可以记住10%的内容；通过听教师讲课，学生可以记住20%；通过看图可以记住30%；观看展示、影响等可以记住50%；通过与同伴讨论并发表自己的观点可以记住70%；给别人讲解自己的理解和参与实验、动手做实验可以记住90%。他认为30%以下的为被动的学习，50%以上的为主动的学习。

学习金字塔理论告诉我们：课堂中采用的不同的学习方法可以导致不同的学习效果；课堂教学应该根据不同的教学内容的具体形式采用不同的学习方式；仅仅靠教师在讲台上讲解和学生在教室里听的这种方式效果最差，反之，应该鼓励学生多动手实践和亲身体验，让学生实实在在参加到小组学习活动中，这才是一种高效的学习方式。

第二节　翻转课堂教学模式的优缺点

信息技术的注入，使得学习过程突破了时空的限制。在传统课堂中，由于受课堂有限时间的限制，教师只能为学生提供最简洁、最有用的学习资源。在翻转课堂中，教师可通过网络环境向学生提供形式多样、内容丰富的学习资源，尤其是教学视频的使用，使翻转课堂得以实现，也使学生的个性化学习、分层次学习变为现实。信息技术的使用弥补了时间和空间的不便，使师生之间、生生之间可以随时随地开展互动。教师可以通过网络环境及时掌握学生的学习情况。另外，翻转课堂还有助于提升师生的信息技术素养，提高运用现代教育技术的能力。

一、翻转课堂在实施中存在的问题

翻转课堂也存在一定的不足，如需要有一定的硬件和软件支持，学生长时间观看教学视频可能会对视力产生一定影响，对学生的自主学习能力、教师的微视频的制作能力、课堂活动的设计能力及师生的信息素养都提出了挑战。

（一）学科的适用性问题

从翻转课堂教学模式发展的历史中，我们可知它最早开始于化学学科。最早在化学学科实施翻转课堂教学模式，简单论述了如何在外国语言课、数学课、科学课、语言艺术课、人类科学课、身体教育课和基于项目的学习等类型科目中实施翻转课堂教学模式。翻转课堂教学模式主要应用于探究性的教学，对于第二语言学习的科目，翻转课堂教学模式的应用有一定的局限性。

从现在翻转课堂教学模式的发展情况来看，它主要应用于数学、物理、化学、科学等类型的科目，这些科目的明显特点是有明确的概念界定，通过微视频介绍讲解概念，学生可以通过微视频课外完成知识性的学习。实际操作性的科目，教师可以通过微视频实现讲解具体的操作步骤及每步应该注意的问题，课堂上学生可以通过课外的学习实际操作演练。对于学生语言性科目的学习，教师可以通过微视频完成语言规则的讲解，课堂上则有更多的时间进行语言的交流。当学生的第二语言还处于初级阶段的学习时，翻转课堂教学模式的实施会有一定的局限性。

（二）高素质教师的培训问题

现今随着科技的发展，学生获取信息的能力得到增强，课堂也呈现不一样的色彩。大部分的教师感觉到：现在的学生越来越难教，他们会有很多新奇的想法，对教师讲解的东西不再感兴趣。社会的发展、学情的变化迫切需要教师转变自己，提升自己的素养。

翻转课堂教学模式的实施需要一批高素质的教师。新技术环境下，教师需要具备更高的整合技术的学科教学法知识能力。翻转课堂需要教师不仅拥有过硬的教学能力，还应该具备高水平的信息化素养和课堂管理能力。在传统课堂里，教师在课堂上只需要讲解知识。在翻转课堂教学模式里，教师需要通过自己过硬的专业知识分析教学目标，具备一定的教学资源制作能力，利用高科技制作教学视频。课堂里，教师需要具备高水平课堂组织能力与课堂管理能力。翻转课堂教学模式的实施的成功与否在于课堂教师对学习活动的组织与安排。

二、翻转课堂教学模式的优点

翻转课堂教学模式改变了教学方式。教师在课堂上不再是站在学生的前面跟学生无休止地讲解30～40分钟。这种激进的改变让我们以不同的角色定位教师与学生之间的关系。从以下三个方面论述翻转课堂教学模式的优点，这也是为什么我们要实施翻转课堂教学模式的原因。

（一）教师方面

1.增加教师与学生之间的交流，让教师更好地了解自己的学生

随着网络技术的发展，远程教育有了快速的发展。在远程教育快速发展下，有些人提出了学校的"消亡论"，然而这种论断忽视了教师与学生之间的交流对学生成长的意义。

2.有利于教师的职业发展

通过观看其他教师制作的微视频，学习其他教师的教学方法，为各自的教学提供借鉴。有网络提供的开放性的窗口让"拜访"每个教师的课堂成为可能。然而这对于充满繁忙的教学生活是不可能做到的。

3.改变了教师在课堂中的角色

在翻转课堂教学模式下，教师走下讲台，有更多的时间用在帮助学生上。此时，教师是一个"教练"，引领学生行进在学习的路上。教师有更多的机会鼓励学生，告知他们所做的什么是正确的，解除他们的迷惑。

（二）学生方面

1.道出了学生的心声

现今的社会，网络时刻伴随着学生的成长，微信、微博、QQ以及其他的数字资源。由于学校禁止学生带这些电子设备进入课堂，当学生在学校的时候，必须要把自己的电子设备关闭。在翻转课堂里，学生被鼓励带自己的电子设备，一起合作学习，与教师进行互动。这样的课堂更激发出无限的活力。

2.教会学生对自己的学习负责

在翻转课堂教学模式下，学习的责任放在了学生的身上。为了成功，学生必须对自己的学习承担起责任。学习不再是对自己的一种负担，而是不被束缚和不断探索的挑战。教师放弃对学生学习过程的控制权，学生掌控自己的学习。与此同时教会学生学习的价值并不是拿到分数和教师的评分。翻转课堂促使学生去学习而不是去记忆，让学生成为真正的学习者。

3.帮助繁忙的学生

在翻转课堂教学模式下，学生不用担心自己因为要去参加学校的竞赛等活动而落下自己的课程学习。因为主要的课程已经在线传到网络上。在课堂上，能够引起教师极大关注的往往是那些学习成绩优异或者性格开朗的学生。对于那些在课堂上保持沉默的学生，教师自然关注度比较低。在传统的课堂教学中，教师无论是对学习能力强的还是对学习有困难的学生都是以统一的步调讲解知识。

4.学生可以自定步调学习

在传统的课堂里，教师授课，学生在课堂里只是作为"静听者"。作为教育者，我们有特定的课程需要呈现在课堂上。学生被期望以一种给定的框架学习知识体系，教师很大部分希望自己的学生能够理解在课堂上所呈现的知识。然而甚至是最好的演讲者或者呈现者仍然有落后或者不理解必须要理解的内容的学生。当我们进行翻转课堂时，我们给予学生远程控制的权力。学生可以根据自己的理解程度适时按下"暂停键"。

5.学生有机会向其他教师学习

大部分学生偏爱自己教师录制的教学视频，但是一些学生看其他教师的教学视频后，自己会从另一个角度来理解相关的问题。学生除了观看自己教师制作的视频，也可以观看其他教师制作的视频。每个教师有不同的思维方式，对知识解读的方式也不一样，学生或许在观看其他教师的视频中会有意想不到的收获。

6.增加了与教师个性化的接触时间

在传统课堂里，学生与教师的接触仅限于课堂中少有的互动环节。在翻转课堂里，学生在自由讨论环节，教师在教室里巡视，可以针对学生的具体疑问进行解答。这样的课堂增加了学生与教师之间的互动时间和交流，教师对学生的学习情况将有进一步的了解。

（三）课堂教学方面

第一，课堂时间被重新分配，得到高效地和创造性地利用。在传统课堂里，课堂大部分时间被教师用来讲授，真正用来与学生交流的时间仅限于课堂的有限时间中。在翻转课堂教学模式下，教师用更多的时间来教学和促进学生学习。学生在交流中学。当学生在家遇到学习困难的时候不再感到无助，教师可以利用课堂时间与学生进行有意义的交流，观察、引导和帮助学生。

第二，翻转课堂教学模式让课堂动手操作活动更深入。动手操作活动帮助学生以另一种方式学习。这在科学课程中尤为明显。学生在相关课程里不能仅仅学习理论性的知识，他们必须通过实验才能完成深度的学习。当学生进行实验操作的时候，他们正是在实验过程中体验建构科学理论知识。

（四）家长方面

翻转课堂也为家长了解学生的课程学习提供一个可视化的窗口。大部分家长也许随着时间的推移忘记之前自己做学生时的相关知识。当孩子问自己所遇到的难题时，家长会感到很沮丧。他们感谢学校里的教师在课堂上对学生的疑问进行解疑。此外，在翻转课堂教学模式里，家长可以与自己的孩子一起观看教学微视频，与孩子一起学习，更新自己的知识。这种交流方式在某种程度上有利于家长与孩子之间的情感沟通。同时，家长可以随时了解孩子学习的进程，关注到孩子的学习的进步，了解到孩子在学校的表现等。

因此，无论从学生、教师、课堂教学还是从家长方面，翻转课堂教学模式在一定程度上克服了传统教学模式的弊端，有利于实现学生真正的发展。

三、翻转课堂教学模式的不足

分析翻转课堂为学生、教师、课堂教学及家长带来益处的同时，我们也通过查阅外文文献、分析教学案例总结出翻转课堂教学模式的不足之处。

（一）教学视频方面

教学视频的质量也许是不佳的。一些教师在面对面的教学中也许很出色，他或许在制作高质量的教学视频方面存在欠缺。课堂教学中，教师面对真实的学生，他的讲授有真实的群体存在，但录制教学视频时，现场并没有学生群体的存在，教师只是根据课程的安排，独自在录制教学视频的设备旁边，各种因素（诸如周围环境、设备和教师自身的状态等）都会影响到教学视频录制的质量和水平。教学质量录制的水平直接影响到学生课前知识学习的水平，进而影响到学生课堂活动的参与与知识的内化。由于在翻转课堂教学模式中，教学视频是知识传递的主要依托，教学视频质量的好坏直接关系到学生的学习质量的高低。

（二）学生学习方面

第一，在翻转课堂教学模式中，知识是通过教学视频传递的。学生可以用一切移动终端完成教学视频的学习，所有的学生可以用自己的电脑观看教学视频。然而在一些情况下，对于学生来说观看教学视频来学习不是最好的。譬如，学生在看教学视频的同时，也在观看音乐会或者足球赛。这将不利于学生课下知识的自主学习。虽然在面对面的课堂教学中也有很多干扰，但至少教师可以通过形成性评估监控理解。

第二，学生在观看教学视频过程中，会出现一些不可控因素。在课前，学生也许不会观看或不理解教学视频的内容，这样学生在课前没有完成知识的学习，将对课堂内教学活动的开展不利。因此在课堂内学生处于准备不充分的状态中，这对于课堂内很多活动的开展有很大的影响。

第三，如果学生独自观看教学视频资料，他们也许不能向教师或者他们的同学提出问题。因此，除非学生在观看教学视频时，教师能够随时在现场，否则那些重要的能帮助学生理解材料的问题将无法在课堂上提出，然而这又是很难实现的。

（三）第二语言学习方面

翻转课堂对于第二语言的学习者也许不是最佳的教学方式。对于第二语言的学习者来说，由于他们的语言水平有限，在课堂上的交流会出现局限性。尤其是对于初学者来说，完成课前知识的学习也会存在很大的困难。由于课前知识的学习存在困难，学生的思维受到局限，课堂上的交流将会流于形式。这样在课堂上，教师无法了解到学生存在的问题，学生之间的小组合作趋于表面化。即使第二语言学习较好者，由于语言文化的差异，需要积累更多的课外知识才能帮助学生实现知识的深度学习。

四、对翻转课堂教学模式的思考与建议

（一）对翻转课堂教学模式背后理念的剖析

每种教学模式的背后都蕴含着一定的教育理念。只有实现对翻转课堂教学模式背后教育理念的深度剖析，我们才能真正做到结合实际情况很好地实施翻转课堂。只有明确课堂教学存在的问题，以一种可以解决当前教育的理念为出发点才能促使我们做出改变。

1.翻转课堂彰显了学生的主体性原则

教育中首要关注的是人的问题。学生是现实社会中的人，是发展中的人，是有独立人格的人。活动是人的存在方式，活动教学论从生存论的角度倡导以主动学习为基本的习得方式，让课堂焕发生命的活力，主张以主动探索的发现和解决问题的方式掌握人类长期积累起来的关于自然和社会的系统知识。教学活动应该是师生之间互动的共同的活动，是"主—客—主"的模式。

在传统课堂里，学生以"静坐"的方式接受知识，一切活动都由教师一手

"操办"，学生接受。学生成为被学校和教师"塑造"的对象，成了考试的对象。没有通过学生自己活动的学习方式必然不会与学生发生真正的生命际遇。在翻转课堂教学模式下，学生在观看教学视频过程中可以根据自己的实际掌握情况进行学习。无论是课前学生视频的观看还是课堂中学生的协作活动，不同的活动使学生获得了自己建构知识的过程。学生成为自己学习的主人，学生的主体意识得以展现和增强。

2.翻转课堂体现了课堂交往性原则

教学不是作为知识的权威者的教师引导被教育者的过程，不是对学生的改造和塑造的过程，而是师生、生生之间思想的对话，是意识生成的过程。在此过程中，学生才是独立人格的个体，才是真正的"人"。在教学的过程中，只有教师与学生实现真正的对话，学生独立的人格才会显现。

人作为社会发展到一定阶段的产物，交往是人的本性。在传统课堂里，学生与教师的交往是不对等的。在翻转课堂里，教师成为学生真正的"导师"，引导学生进行深度的学习和交流。教师不是知识的权威者，而是学生学习的"引导者"。在翻转课堂里，在学生遇到问题的时候，教师给予及时的帮助。课堂中不同的活动方式，譬如小组讨论等协作活动，学生在这种交往中展现了自己的思想和价值。无论是教师与学生之间的交往，还是学生与学生之间的交往，都使学生在交往中实现对知识的掌握和内化。

3.翻转课堂体现了公平性原则

公平是指在课堂中学生与学生受到平等对待的权利。公平即合理地处理事情，不偏袒一方。美国哈佛大学学者罗尔斯（John Rawls）提出横向公平与纵向公平。横向公平指处于相同情境的人所享受平等的待遇。纵向公平指处于不同处境的人应受到不相同的待遇。在纵向公平下，可以采取补救措施等。

班级授课制在一定程度上可以保证学生在固定的场所接受相同的教育。然而由于学生资质的不同、理解水平的差异，学生对知识的掌握和理解呈现不一样的程度。再者，由于教师自身的特点表现出对每个学生的关注度也不一样。在大班制教学模式下，越来越多的学生出现厌学的情况。如何对存在学习困难的学生提供及时和适时的辅导在翻转课堂里找到了出路。

在翻转课堂教学模式下，教师制作的视频，学生可以根据自己的情况学习。

这对于学习理解慢的学生来说，他们可以反复学习直到理解为止。课堂上不同的活动可以使学生拥有平等的表达思想的权利，小组间学生在交流时遇到问题及时向教师请教。当他们证明了自己的能力时，自信心得到增强，自我成就感也不断增强。

4.翻转课堂让课堂真正的"对话"成为可能

建构主义认为，学习是知识的建构，知识需要与学生发生真正的相遇才能成为学生自己的知识，它强调师生平等的对话。对话的实质是双方的内心世界的敞开，是对对方真诚的倾听和接纳，在相互接受与倾吐的过程中实现精神的相遇、相同。师生之间要发生真正的交往需要的是一种民主、平等、和谐的环境。在民主、平等的条件下，师生双方、学生之间才能彼此打开心扉，相互接受，达到思想上的共鸣。若在课堂上教师采用强制、命令等方式要求学生，学生则被迫接受。长久以来学生变得在课堂上沉默，不敢表达自己的观点。在传统课堂里，教师与学生的交往局限在教师的提问与学生的问答，无法实现真正的对话。

在翻转课堂里，由于学生已在课前完成知识的学习，学生回到课堂里不再是毫无准备的状态，课堂也不再是教师站在讲台上居高临下对下面学生的"布道"，之前课堂上少有的课堂互动在翻转课堂里得以实现。学生之间也存在差异性，正是这种差异性才使对话变得更有价值。在对话中，学生之间可以获得丰富的资源，有利于学生思维能力的发展。

5.翻转课堂使知识的深度教学变成现实

哲学认识论把知识当成外在于学生的成长历程的事实性知识，知识并未与学生发生真正的"相遇"。长久以来，我们都把知识当成知识来教，知识只是事物的符号表征，学生记住这些既定的、确定性的知识。把知识作为一个可以接受的直接结果来教的教学势必影响知识教学的价值与意义。知识从内在结构上由符号表征、逻辑形式和知识的意义三个部分组成。符号是知识的外在存在形式，逻辑形式是知识的认识论系统，意义则是知识的核心部分。知识的意义是内隐在符号中的价值系统，三者密切不可分割。传统的知识教学只是停留在知识符号表征上的教学，真正让教学有价值是要使知识的教学达到知识的逻辑意义，进而达到知识的意义的教学。

知识的深度的教学即追求知识符号表征、知识的逻辑形式和知识意义三者的有机统一。在翻转课堂教学模式下，知识的学习通过微视频来进行，在课前知识学习阶段完成知识的符号表征的学习及一定程度上的知识逻辑意义的学习。在民主、平等的课堂环境里，通过小组合作、个人展示等实现知识的内化，进而达到知识的深度化学习。

（二）实践中存在的问题

1.太过于关注实施翻转课堂教学模式的技术层面

当前关注翻转课堂教学模式的主要是教育技术领域的专家，他们与大学合作开展微课的制作研究。越来越多的学校看到翻转课堂教学模式在我国引起如此巨大的反响便开始跟风实施，开始制作微视频，邀请教育技术专家指导等。翻转课堂教学模式需要更多的学科专家和教学专家加入其中，结合我国当前的实际情况，提出适合自己的课堂教学模式。

纵然，微视频的制作是实施翻转课堂教学模式重要的第一步。倘若提到翻转课堂教学模式，人们只是想到微视频的话，那么我们对翻转课堂的理解只是趋于表面化的理解，并没有把握住它的实质。那么，翻转课堂教学模式在我国的实施将永远停留于表面。当我们面对一种新的教学模式，首先要做的是理性分析此模式背后隐含的理念，此种理解可否在一定程度上回答了我国目前课堂教学中存在的问题。通过研究发现，我国对翻转课堂教学模式的研究大多停留在教学模式实证分析和关注微课、慕课的制作上，对翻转课堂教学模式的价值在探索上缺乏一定的深度。我们应该明确目前我国课堂教学存在的问题，找到我国当前课堂教学模式与翻转课堂教学模式的价值共生性，明确翻转课堂教学模式能为我国课堂教学模式带来什么实质性的变化。翻转课堂教学模式能否在我国扎根，需要我们以理性的眼光分析各种问题。因此，它需要更多的高校的课程与教学理论界的专家加入其中以给予大学以理论层面的指导。

2.对学习者的个性化跟踪与反馈机制不完善

翻转课堂教学模式带给我们传统课堂的重要的冲击在于它可以在一定程度上关注到学生的个性化学习，充分尊重学生个性化学习的需求。我们在实施中往往注重实施翻转课堂教学模式，注重实施的具体过程。但是在课后，我们缺乏对学习者的个性化跟踪。这样翻转课堂教学模式的实施无法为学生的个性化学习带来实际的效用，这种教学模式的实施很容易陷入形式化过程。结果导致学校只是为实施翻转课堂而实施，缺乏理性的思考。当学生遇到学习的困难，教师要给予及时的帮助，直到学生达到完全掌握的程度。

3.课程内容缺乏一定的系统性

课程内容的系统性在一定程度上可以保证学生以一定的体系学习具体科目。系统性的判断不仅要从所学科目知识的深度上由浅入深，还应根据学生的年龄和思维层次的特点，保证大部分学生可以掌握的程度。实施翻转课堂的学校虽然在语文、数学、物理、化学、计算机、英语教学等科目上实施翻转课堂教学模式研究，但是课程内容缺乏系统性，仅限于部分科目的部分章节。这样呈现给学生的是支离破碎的知识点。

4.网络学习支撑平台不完善

目前，我国的网络平台不健全，尚处于不完善阶段。近年来，国家开始加大教育信息化的步伐，目前我国的教育信息基础设施基本完成，然而有效地推进教育信息化发展的政策环境和体制机制尚未形成，基础设施还未普及，数字教育资源共享的机制仍未形成，优质的教育资源仍然缺乏。

第三节　翻转课堂的学生学习系统

随着信息技术的飞速发展，教育进入了信息化时代。信息技术在支持和促进教育的同时，也在变革着传统教育形式，一种将知识传递置于课前、知识内化置于课上的颠倒传统课堂课上、课下环节的教学形式——翻转课堂应运而生。在信息技术的支持与推动下，翻转课堂以其"以学生为中心"的教育理念、灵活的教与学的方式、关注学生个性化与全面化发展的思想，受到越来越多的教育工作者的青睐，并被全球范围内越来越多的教育工作者应用于教学实践。

翻转课堂作为一种新兴的教学方式，是指学生利用教师提供的学习资源在课前进行自主学习，在课堂上通过教师和同学的协助解决自主学习过程中遇到的问题，学生从被动的听讲者转变为主动的学习者。这种学习方式给予学生更多学习的自主性，能够充分调动学生学习的积极性。

一、学生学习认知系统

学习认知系统是影响大学生学习活动的一个主要因素，是保证学生顺利进行学习的基础，有助于学习者获得知识与形成技能。

学习认知系统是决定学习结果和学习效率的最直接因素。学习认知系统是学生学习活动中的一个子系统，它由学生的智力因素组成，包括感知觉、记忆、想象、思维等，在学习与认识过程中承担着对各种信息的纳取、加工和处理的作用，它相当于完成具体学习、认识过程的执行系统和操作系统。

学生学习认知系统是指在翻转课堂的学习中，学生的感知觉、记忆、想象、思维等因素组成的系统。学生的认知发展可以分为二元化期、多元化期、相对期。

二、学生学习动力系统

学习动力系统是学生学习活动中的另一个系统，它由学生的非智力因素组成。它是各种学习力量按照一定关系组成的一个系统，它不直接介入学习，而是转化为相应的动力，激发学习的积极性，挖掘学习潜能，调节学习活动的进行。学习动力系统包括内部动力系统与外部动力系统，学习者的主观意识属于内部系统，如对主动学习的态度、主动学习的动机等，它能激发学生主动学习；外部动力系统是存在于自身之外的一些要素，如学校设施、教学环境、人际关系等，它是推动学生主动学习的必要条件。

学生学习动力系统是指在翻转课堂中，对于学生学习有促进作用的内部动力系统与外部动力系统。内部动力系统主要指学生的学习动机、学习兴趣、学习方法。外部动力系统主要指学校设施、教学环境、人际关系。教学环境包括教学资源、教学媒体、教学方法，人际关系包括师生关系与同学关系。

三、学业指导

关于"学业指导"的概念，研究者和实践人员从不同的视角提出了不同的见解，但是到目前为止缺乏一致认可的定义。总体来看，这些见解主要从学生视角、学校视角及学生学业生涯指导的视角等对"学业指导"的概念进行了界定。学业指导是一个帮助学生明确他们的人生目标及制订实现这些目标的教育计划的过程；学业指导是教学的一种形式，它能够激励和支持学生明确和实现其个人、教育和人生目标。

学业指导是一个系统工程，具有丰富的内涵。从构成上讲，学业指导主要包括四部分，分别为学科学习指导、个人发展规划指导、课程选修指导和自主学习指导。

学业指导是学校在学生学业方面提供的涉及学生学习所有方面的指导和服务，其目的在于通过对学校资源的有效利用，帮助学生按照其学习动机、能力和兴趣等寻求最合适的发展方向，从而最大限度地发挥其价值。

四、翻转课堂的实施过程

翻转课堂的实施方式，即将课堂"知识讲授"和学生课下练习"作业"的顺序对调。实际做法是将课堂讲授的部分录制为影片、寻找网络上现有的相关影片或者提供学生进行其他学习资料，以作业形式让学生在课前先进行学习，在课堂上利用有限的时间进行练习、问题解决或讨论等教学互动，以提升学习的成效。下面对翻转课堂实施的具体内容进行介绍。

（一）翻转课堂实施概述

翻转课堂通过其名称就能了解其实施过程，概括起来，翻转课堂包括课前的学习活动和课上的学习活动两个相互承接的环节。

1.翻转课堂的实施原理

传统教学过程通常包括知识传授和知识内化两个阶段。课堂上教师通过知识的讲授完成知识的传授阶段，课后学生通过作业、实践等完成知识的内化阶段。在翻转课堂的学习中，知识传授与知识内化两个阶段颠倒过来，即在课前，学生根据教师提供的教学资料完成知识传授阶段；课中，教师与学生之间通过讨论的形式完成习题或实作任务来进行知识内化。

根据布卢姆的学生认知层次发展理论，在传统教学中，教师带领学生完成的是较低的认知层次，较高层次的认知需要学生自己进行。而在翻转课堂中，较低的记忆理解层次是学生上课之前自己完成的，而对于较高层次的应用创造则是由教师带领学生在课上一起完成的。

2.翻转课堂的实施过程

（1）课前的学习活动

活动目标：完成知识的记忆、理解。

活动步骤：

教师：一是提供教学视频（视频可以是自己录制的，也可以是其他的讲解课程内容的视频）或其他可以满足学生初步掌握课程内容的资料；二是将学生课前反映的问题进行整理。

学生：一是观看教师提供的教学视频或教学资料；二是通过观看教学视频或课前提供的教学资料，可以理解与记忆本节课的学习内容。

注意事项：翻转课堂之所以流行，是因为科技的发达使学生获取学习资源的便利性大大提高。故教师在为学生准备课前学习资料时，应结合现代科技，充分考虑学习资料的趣味性、易懂性。

学生在课前学习时，应该区别于以前的课前预习，因为翻转课堂的课前学习不仅让学生对本节课的教学内容有所了解，而且对教学内容有初步的掌握，即达到对课程内容的理解、记忆，这样才能在课上学习时跟上节奏。

（2）课上的学习活动

活动目标：对课程内容达到更高的认知层次。

活动步骤：

教师：一是将课前学生遇到的问题进行集中讲解；二是将课上的大部分时间交给学生进行习题或操作练习，在这一过程中，教师属于指导者的身份。

学生：一是通过教师对于课前疑难问题的讲解，对于本节课内容有更深入的认识；二是与同学进行小组合作学习，完成教师布置的习题或实作；三是遇到难题，小组进行讨论，然后请教教师。

注意事项：由于课前学生已经对于本节课的内容进行了学习，课上的任务就是内化学生课前所学的知识，故教师在课上不应该再传授新的知识内容。在学生进行合作学习时，教师应该积极观察每组的学习状况，对于学习有困难的小组及时进行指导，及时给予学生反馈，这样有利于学生在翻转课堂学习中达到更高层次认知水平的学习目的。对于课上的习题与实际练习应该控制在课上完成，不要留到课下，以免增加学生的学习负担。

（二）实施翻转课堂的优势

尽管翻转课堂的教学方式越来越得到教育研究和实践人员的认可，但是由于其正处于发展中，还存在一些关于翻转课堂的疑惑与不解，澄清这些疑惑与不解是翻转课堂顺利实施的关键和基础。

翻转课堂不同于在线视频课程。从构成上来讲，在线视频课程仅仅是翻转课堂的一部分。除此之外，翻转课堂更强调良性互动和深度的学习活动。

翻转课堂不是用在线课程、网络学习取代教师指导的形式。在翻转课堂教学方式中，学生通过在线视频课程、网络学习等形式进行自学，教师的主要角色由知识讲授者转变为学生学习的指导者和引导者，而不是教室中可有可无的"影子"。

翻转课堂不代表学生可以毫无组织地、随意地学习。翻转课堂注重学生的课前学习，但不是要求学生随意地、孤立地学习。恰恰相反，翻转课堂的重点在于教学活动的精心设计，通过课下学生自主学习和课上的交流讨论等活动，实现初始的教学目的。

现阶段，翻转课堂作为一种有效的教学方式已经得到广泛的认可，这与其本身的优势密切相关。翻转课堂的先驱乔纳森·伯格曼（Jonathan Bergmann）在实践和调研基础上认为，与其他教学方式，尤其是传统的教学方式相比，翻转课堂的教学方式存在的优势主要体现在以下几个方面：

1.翻转课堂可以帮助学生合理安排学习和其他活动

目前，大学生除了要完成学习任务外，还要参加各种各样的活动，如学生会工作、比赛、演出、会议、社会实践等，这些活动往往会造成与学习之间的冲突。在学习与实践都强调的时代，翻转课堂的灵活性能够帮助学生合理安排学习和其他活动时间，通过提前学习或者课后的补习，实现学业和自身能力的共同进步。

2.翻转课堂有助于学习相对差一些的学生学习

在传统的以教师为中心的教学方式中，教师往往关注那些较好及聪明的学生，因为这些学生能够很快地理解教师讲授的内容，并给予积极的反馈和互动，学习相对差一些的学生往往处于被动的"接受者"的地位，很多时候则是被动地听讲，甚至跟不上教师讲课的思路，影响了其学习的积极性和效果。翻转课堂一方面可以通过学习反复观看教学视频、学习资料等领会教学的内容，另一方面可以将教师从单纯的知识传授者角色中解放出来，使其更有时间和精力针对每个学生的问题进行讲解，从而能够针对学习较差一些学生的需求给予相应的指导。

3.翻转课堂有助于教学互动

实践表明，翻转课堂实施的最大好处在于增加了教师与学生相处的时间。在翻转课堂教学方式中，教师的主要任务不再局限于课堂知识的讲授，而在于与学生进行一对一的交流。显然，翻转课堂有助于教学中教师与学生之间的互动。

同时，翻转课堂也有助于学生之间的沟通和互动。学生之间可以根据学习内容建立相应的合作小组或团队，通过沟通和交流，实现互帮互助，而不主要依赖教师。

4.翻转课堂有助于教师对学生的了解

教师与学生之间的关系是学生学习效果的一个重要影响因素。一个好的教师往往能够与学生建立良好的师生或朋友关系。翻转课堂使得教师有更多的时间与学生交流，拉近了教师与学生之间的距离，从而有助于教师更深入地了解学生，更清楚地知道其学习中的难点和困惑，从而有助于教师对学生有针对性的指导和学生学习效果的提升。

5.翻转课堂使得学生个性化学习成为可能

每个学生的兴趣、学习态度和学习能力等都是不同的，这一点早已得到广大教育工作者的认可，但是传统的教学方式侧重课堂和学生的统一管理。翻转课堂承认学生之间的差异和不同，能够实现对不同类型学生的分层教学。在翻转课堂中，每个学生都可以按照自己的学习进度、学习效果进行学习，教师可以根据不同学生学习中存在的问题进行专门的指导，使得学生个性化学习成为可能。虽然现阶段翻转课堂的应用中要求以统一的进度管理，但是随着网络技术的提升和教学方式的改革，学生个性化学习将会越来越受到重视。

6.翻转课堂改变了以往的课堂管理

翻转课堂改变了学生在学习中的角色，使其真正认识到自己在学习中的地位和作用，使得传统教学方式中一些课堂管理的问题不再存在了。传统教学方式中，有些学生倾向于扮演课堂扰乱者的角色以引起其他学生的注意，但是在翻转课堂中，几乎所有的学生都在忙于小组讨论和与教师交流，课堂扰乱者越来越少。

（三）课前准备与学习阶段

课前教师将进行教学视频的录制，视频以PPT与教师讲解的方式呈现，每节课的视频时间控制在30分钟以内。录制完成以后教师会将教学视频上传到网上课程中心平台。

学生通过账号登录课程中心平台，观看教学视频，进行课前的学习。若学生在学习过程中遇到困难或疑惑可以将这些困难与疑惑上传课程中心平台。在课前教师会再一次登录课程中心平台，整理学生提出的问题。

（四）课上学习阶段

上课之初，教师会将学生在课程中心平台提出的问题进行集中的解答，这样有利于解决学生在学习过程中遇到的困难。然后进行本节课重点知识的整理，以利于学生了解本节课主要的掌握内容。在问题讲解与重点整理之后教师给学生时间进行习题练习，完成习题以后教师还会请三位学生在黑板上写出自己的解题过程，并且向全班的学生介绍自己的讲题思路。

学生在课堂上，由以前被动的听课者成为现在的主动的课堂参与者。学生通过3~4人一组的形式进行合作学习，遇到问题，一起讨论解决，互帮互助学习，将课前自己所学的知识通过课上的习题练习进行加深巩固。

五、定量研究问卷的实施与资料分析

问卷设计是在预研究问卷基础之上的，目的是将学生在预研究问卷中对翻转课堂教学零散的观点进行归纳总结，将学生对于翻转课堂的看法进行全面系统的归纳。同时，由于翻转课堂的主要目的在于让学生达到更高的认知层次，因此本问卷根据布卢姆教育目标认知层次理论编制相关问题，调查学生在翻转课堂中的学习成效。问卷的设计按照课前、课中的时间顺序进行题目的设计，因此在分析问卷时亦将按照此顺序进行。

（一）学生对于翻转课堂课前学习的评价

课前学习是翻转课堂的重要组成部分，它是学生课上顺利学习的保证。在非翻转课堂学习中，课前预习有利于提高课上听课效率。然而翻转课堂的课前学习与非翻转课堂的课前预习有显著的差异。在翻转课堂中，课前学习带有一定的强制性，需要学生将本节课所学知识进行系统的自学，需要对本节课所学知识有整体的理解与掌握，课前学习要达到课上可以将所学知识进行应用的目的；在非翻转课堂中，课前预习一般不具有强制性，且预习的目的是对于本节课将要学习的知识有一个大体的了解，至于对知识的掌握与理解则在课上通过教师讲解达成。

翻转课堂课前学习与非翻转课堂课前预习的不同直接造成学生在课前学习的时间与学习的深度的不同，而习惯了非翻转课堂学习方式的学生是否能够适应翻转课堂课前学习的方式，下面从学生课前学习所用时间与学生在翻转课堂课前学习遇到的困难方面探讨。

对于新的学习方式，学生都会有一个适应过程，在此过程中必然会出现一些问题，学生对于新的学习方式由不适应到适应是随着发现问题到解决问题的变化而变化的。学生习惯了以前的课前预习或者直接没有课前预习的学习方式。在翻转课堂中，学生不得不认真地进行课前学习，否则就无法有效地进行课上学习。那么学生对于课前学习出现的问题具体表现在以下几个方面：

定量问卷中，根据学生与研究问卷反映的对于翻转课堂课前学习遇到的困难问题进行总结，共设置五个选项，分别为"时间紧张""学习资源获取困难""教师提供学习资料太简单，不能够满足我的学习需要""自己不适应课前学习的学习方式""其他"五个选项，并在"其他"这一选项中要求选择此项的学生补充"其他"所指的具体内容。此题为多项选择题，选择以后，要求学生根据此困难的重要程度进行排序。

（二）学生对于翻转课堂课上学习的评价

在翻转课堂中，课上不再是教师讲课、学生听课的教学方式，而是以学生合作学习为基础的主动学习方式。问卷从翻转课堂学生课上主要学习方式、学生课上讨论情况，以及课上学习的总体评价方面进行了调查。

1.学生课上主要学习方式

在前面的课程介绍中我们得知，在翻转课堂教学中，学生课上主要的学习方式为：上课之初我们教师将课前学生提出的问题进行集中解答，随后对本节课的重点进行说明。待这两个阶段结束以后，给学生布置本节课习题，3~4人一组进行讨论学习。最后教师针对每个题目会选择三个学生到黑板进行解答，然后向全班同学介绍自己的解题思路。

2.学生课上讨论情况

翻转课堂课上学习主张合作学习，包括师生之间的合作与学生之间的合作。在合作学习过程中，大家通过共同学习来促进自己与他人学习效果的最大化。合作学习的互动模式即学生相互讨论材料，倾听他人意见，彼此鼓励，并提供学业上的帮助。在本课程的翻转课堂中，教师亦重视学生的合作学习，课上学习以小组讨论学习为主，约占课堂总时间的三分之二。可见学生课上讨论情况对学生在翻转课堂中的学习效果有重要影响。

3.课上学习的总体评价

通过问卷调查让学生对翻转课堂的学习做了整体的评价，题目为不定项选择题。有4人选择其他，并进行了补充说明，分别为"太多同学上黑板做题，有点浪费时间""如果课前预习不够，课上无法听懂""虽然用翻转课堂，但是教师仍认真讲解""课前学习已经学会了，课上可以很热情地帮助他人，可以加深印象"。

第四节　翻转课堂在高校学习中的方式

建构主义学习理论强调学习要以学生为中心，学生作为课堂的主体，在学习中自己主动建构知识，教师则为学生知识主动建构的帮助者、促进者。实践证明建构主义学习理论可以充分发挥学生学习的主动性与积极性，有利于学生自身学习水平和综合能力的提高。

一、激发学生参与翻转课堂的积极性

经过研究发现，在这种以学生为中心的学习环境中学生面临许多问题。主要原因是学生习惯了教师主动传授知识、学生被动接受知识的学习方式，突然地改变教学与学习方式对于学生来说仍有一个接受过程。虽然对于一些学生来说翻转课堂的教学方式有利于促进学生的学习，但是当学生成为学习的主体和中心时，如何激发更多的学生积极地参与课堂是首先要考虑和解决的问题。可以从以下几方面来提升学生参与翻转课堂的积极性。

（一）提高学生对于翻转课堂的认识

虽然新的教学方式会引起学生的兴趣，但同时会给学生带来一种陌生感，尤其是在新的教学方式刚引进还未发挥其作用的时候，这种陌生感会造成学生对新的教学方式的排斥。因此，要想提升学生参与翻转课堂的积极性，必须让学生对翻转课堂这一教学方式有充分的认识，这主要依赖于两种方式：一是通过讲座、展板等形式详细地介绍翻转课堂教学方式的内涵、特点、实施过程、优势及广泛的应用情况，以及通过翻转课堂的应用取得的效果；二是通过对一些代表性课程的试点使用，通过学生直接的体验和认识，提高参与试点课程学生对翻转课堂教学方式及其优势的认识，并通过其与其他同学的交流带动其他同学参与的主动性和积极性，比如研究中的课程，在课内进行翻转课堂时，应该注意对于本门课翻转课堂的宣传与推广，在让更多教师与学生了解翻转课堂的同时，学校与其他师生的认可更能够激发师生进行翻转课堂的积极性与主动性。

（二）对翻转课堂学习方法的辅导

从过程上来讲，翻转课堂主要包括课前学习和课中学习两部分，不同部分的学习方法既有相同点又有不同点，并且两个阶段对于学生的认知水平的要求不同，这需要学生转变在传统课堂中的学习认知方式，以适应翻转课堂的学习要求。

翻转课堂涉及学生的自主学习与合作学习，对于认知水平处于二元化期的学生来说，自主学习与合作学习对其认知能力是一个很大的挑战，因此我们要对学生进行自主学习与合作学习方法的指导。

从特征来讲，学生自主学习具有自立性、自律性和自为性等特点；从构成上来讲，学生自主学习的过程主要包括制订适合的自主学习计划、明确自主学习的目标、确定范围、设计学习环境和氛围等。在翻转课堂教学方式中，学生进行课前自主学习首先要根据课前学习的要求通过视频或网络学习资料完成基本的学习任务，同时要明确自己在课前学习过程中不清楚或不明白的地方，以及自己在学习过程中想到的问题，这些问题的解决是学生进行课中学习的重点，也是提高学生参与积极性的重要方面。在课中自主学习时，对于课前不明白的地方，通过教师的重点讲解，对其进行理解后，通过课上习题的练习，加深对其理解，对于知识难点可以达到应用的程度。

在翻转课堂中，学生课前学习存在问题的解决主要依赖于课中教师与学生及学生之间的合作学习。合作学习是翻转课堂的重要组成部分，也是其有效性实现的重要保障。在翻转课堂中，合作学习的形式主要有问题式合作学习（以教师或学生提出的问题为依托，依靠教师与学生及学生与学生之间的合作解决问题）和讨论式合作学习（通过学生之间的合作对某一内容进行讨论，以实现自我提升的目的）两种。合作学习方式对学生问题的解决及不同学生存在不同见解时极具优势。学生合作学习方法的辅导内容包括合作成员的选择、合作学习的方式、沟通技能等。

（三）提高学生获取学习资源的便捷性

翻转课堂是信息化时代的产物，这与学生学习方式的多样性和灵活性密切相关。无论一种教学方式多么先进，保证学生与这种教学方式之间的亲近关系是激发学生接受和参与积极性的基本前提。对于翻转课堂而言，对学生很重要的要求是他们需要通过课前的自主学习完成学习目标并发现学习过程中存在的问题，这一过程的实施离不开学校提供的教学资源。如果这些学习资源对学生而言难以获取，抑或是缺乏吸引力，学生会因此对这种教学方式产生抵触心理。因此，要提高学生参与翻转课堂的积极性，一方面要通过合理的方式让学生方便、快捷地获得所需的学习资源，比如学生提出的学习资源获取困难的问题，主要是因为学校课程中心平台打开困难，下载资源慢。针对此问题，学校应该加强课程中心网络平台建设，教师应试图寻找更好的学习资源分享的方式；另一方面则要根据学生的特点加强对学习资源展现形式、内容等的设计，提高学生学习的兴趣，促使其主动参与其中。

二、创造良好的学生自主学习环境

学生课前的自主学习是翻转课堂实施的第一步，也是关键的一步。为学生建立适合的自主学习环境，避免其他因素的干扰是保障翻转课堂效果实现的重点之一。对于习惯了传统课堂中课上直接跟着教师的节奏学习，忽略课前学习的学生来说，翻转课堂的课前学习经常被忽略，因此在翻转课堂之初设置专门的学生自主学习区域是解决这一问题的有效措施，具体来讲主要包括以下几方面：

（一）设置专门的自主学习教室

在翻转课堂中，学生课前学习会受到很多因素的干扰，其中最主要的两个因素是学习周围环境的干扰和网络信息的干扰。对于大学生而言，设置专门的自主学习教室有利于学生自主学习提供基本的学习环境，避免各种复杂和多变的环境阻碍学生自主学习。同时，这也有利于形成集聚效应，形成良好的自主学习氛围，提高学生自主学习效果。

网络时代，各种信息充斥于网络，使用网络进行学习时学生容易被各种各样的信息吸引。因此，为有效地达到课前学习效果，需要根据学习资料形式设计和开发相应的自主学习软件，在学习过程中避免其他网络信息出现在学生面前，分散学生的注意力。

由于翻转课堂希望学生能够具有自主学习的能力，而本建议有强迫学生课前学习之嫌。但是自主学习的形成是一个过程问题，在翻转课堂之初，对于学生的课前学习进行稍微的强制，使其形成课前自主学习的习惯，这并没有与翻转课堂的理念背道而驰。

（二）将自主学习纳入对学生的考核中

单纯依赖学生学习的自主性并不能达到自主学习效果，有效的考核体系则是该目标实现的必要辅助措施。

在"学生综合征"等因素的影响下，学生总是趋于在规定的时间节点之前完成任务，对于课前学习而言，这是远远不够的，单纯的任务式的自主学习对翻转课堂的实施而言没有什么太大的作用。为解决这一问题，一方面需要加强对学生自主学习方法的指导，另一方面则需要相应的监督和考核体系支撑。

将自主学习纳入到对学生的考核是对学生全过程学习监督的具体体现，也只有相应的考核体系才能促使学生积极和有效地参与自主学习。对学生自主学习的考核主要包括考核形式、考核内容和考核时间三部分。

考核形式上，以学生与教师共同制订的学习计划和目标为准，采取学生评价、教师评价（依据非结构性访谈、网络学习记录等）及小组评价的方式进行；考核内容上，包括学生自主学习的情感态度、学习能力等；考核时间上，可采用固定周期（如一个月）、学习的里程碑时间等。

需要特别注意的是：考核的结果不在于评价，而在于促使学生不断地改进和进步。因此，考核的结果要及时告知学生，从而帮助他们更深刻地了解自己，提升自主学习的动力和信心。

三、加强学生翻转课堂学习的引导

（一）优化网络学习资料

网络学习资源的优化不仅仅包括学习内容的设计，还包括学习内容的展现方式。不同的学生对不同形式的学习内容和展现方式有不同的倾向，单一的形式难以满足不同学生的自主学习需求。

对于学习内容和展现方式的确定，必须建立在对学生学习特点的分析上，根据学生的特点进行相应的设计和优化。此外，网络时代跨组织、跨区域的学习资料共享成为可能，因此，学校在进行翻转课堂课程学习资料设计时要考虑与其他组织之间的联合，利用双方的优势资源共同推进，从而有利于成本的降低和效率、效果的提升。

（二）辅导和训练学生的认知能力

翻转课堂的实施不仅代表着教学方式的变化，对学生而言也是学习上的思想革命。在不同的教学方式下，学生需要不同的认知能力。与传统的教学方式相比，翻转课堂的重点之一在于学生自主学习，对于认知能力的要求也更高一些。因此，对学生认知能力的辅导和训练是保障翻转课堂学习效果的重要方面。

翻转课堂中对学生认知能力的辅导和训练主要是：如何让学生更清楚地了解教师设计的学习资料。这就需要在实施翻转课堂时首先进行必要的课堂授课形式的介绍，通过这一过程，学生能够明确教师是根据什么样的思路设计学习资料的，从而帮助其快速理顺学习内容。同时，课堂授课形式也可以使教师发现自己设计学习资料时学生更关注的方面，从而据此完善后续的学习资料设计。因此，对学生认知能力的辅导和训练需要采用与传统课堂的教学形式相结合的方式，同时采用循序渐进的方式。

（三）加强学生学习过程中的合作和交流

学习方式是指学生完成学习任务时基本的认知、情感和行为取向。翻转课堂中，学生必须加强学习过程中的合作与交流。

合作学习被认为是近年来最成功的教学改革。它能够激发学生的主动性和创造性，提高个体的学习动力，从而发挥群体的积极功能。翻转课堂中，合作学习作为学生问题解决和实现共同进步的重要途径，其作用更为显著。

加强学生在翻转课堂中学习的合作和交流主要可以从以下两个方面进行：首先，教师作为课程的主要负责人，鼓励学生之间的合作学习和交流，积极组织学生之间的合作学习活动（课前和课中）；其次，在组织活动时合理划分不同的学习小组，使得学习小组成员之间能够协调互补、紧密配合，从而切实让学生感受到合作学习的优势，自觉、主动参与到合作学习中来。

四、优化现有的教学软硬件环境

从翻转课堂的教学环境来讲，主要分为硬件环境和软件环境两部分。其中，硬件环境主要涉及教学场所环境；软件环境主要涉及教学资源、教学方式等软性环境。

（一）重新布置教学场所

现阶段翻转课堂所采用的教学场所还是建立在原来传统课堂教学方式的基础上，使得翻转课堂中一些新型的教学形式无法开展。为保障翻转课堂教学方式的顺利实施，有必要打破传统课堂教学中较为固定的教学场所布置，最大限度地满足教学灵活性的需求。如将固定座位式的教学场所转变为可以自由移动和组合的座位设置；采用圆桌等便于学生沟通和交流等的工具等。

翻转课堂所需的硬件环境也涉及课堂中所使用的网络硬件。必须能够保证学生快速地访问所需参考的资源，为学生进行课上自主学习和问题解决以及合作学习提供良好的辅助。

（二）教学资源优化设计及教学方式的多样化

根据现阶段翻转课堂实施过程中存在的问题，翻转课堂软件环境的建设主要包括教学资源的优化设计和教学方式多样化设计两部分。

教学资源的优化设计需要教师根据学生的特点和需求，将教学内容以易于学生理解的方式展现出来。需要特别说明的是，对教学资源优劣的评价标准需要站在学生的角度，因为学生是这些资源的直接使用者，只有适合其学习、有助于其学习效果的教学资源才是最好的教学资源。

网络时代学生自主学习越来越普遍，其不同学习方式的个性化需求也越来越强烈。教学资源的优化设计主要是针对课前学生自主学习，而教学方式的多样化设计则主要是针对课上学生学习。这一方面可以提高学生参与的兴趣和积极性，另一方面可以提高学生学习效果。

第六章

信息技术与高校英语课程的整合

第一节　信息技术与高校英语课程整合的内涵

21世纪，信息技术已经进入飞速发展时期，渗透到人们生活中的各个方面，逐渐成为个体间进行交流、学习以及理解世界的一种基本方式。信息技术发展过程中的每一次飞跃都是人类文明史上的进步，当其逐渐构成个体日常生活的经验，改变个体社会交往的方式，并已被大多数人掌控和使用时，便产生了引发教育变革的可能性。

一、信息技术

（一）信息技术的含义

信息技术的发展对社会的变革可以说有决定性的作用。那么，到底什么是信息技术呢？一般来说，可以从广义和狭义两个角度理解信息技术的含义。

广义上的信息技术指的是用于管理和处理信息所采用的各种技术的总称。它包含一切感测、通信、计算机和智能技术及控制技术等。

从狭义的角度分析，更能体现信息技术的功能和特点。

（1）信息技术也可以称为"信息和通信技术（Information and Communications Technology，简称ICT）"。它主要是应用计算机科学和通信技术来设计、开发、安装和实施信息系统及应用的软件，主要包括传感技术、计算机技术和通信技术。

（2）信息技术也可以称为"3C"技术，即计算机技术、通信技术与控制技术的结合。

（3）信息技术是指利用电子计算机技术和现代通信系统获取、传递、处理、显示、分配所有形式信息的技术，也就是通常所说的"C&C"（Computer and Communication）。

（4）信息技术也可以指应用管理技术，并在技术的、科学的、工程的原则下实现信息的控制、处理和交流，以及人与计算机的互动。

从上述这些定义可以看出，信息技术的核心是电子计算机技术，并在其他通信技术、多媒体技术及工具的共同作用下，实现信息的获取、处理、传递、存储、输入、检索、再生、转换和交流等。

（二）信息技术的"四元素"

信息技术是为人类服务的，是人类为了更好地认识与了解自然，赢得更多的生存机会和生活条件而发明创造的。从这个意义上讲，信息技术是为了扩展或加强人类的信息器官的功能而存在的，这也是信息技术的本质意义。人类的信息器官通常可以分为以下四类：

（1）感觉器官，如听觉、视觉、触觉等，主要功能是获取信息。

（2）传导神经，包括导入与导出神经网，主要功能是传递信息。

（3）思维器官，主要指的是具有推理、联想、记忆、分析等功能的器官，主要功能是加工和再生信息。

（4）效应器官，如用来讲话的口、可以行走的脚或用于操作的手等，主要功能是施用信息。

因此，与人类的信息器官相对应，信息技术也应包含获取、传递、加工、再生和施用等功能。由此可以看出信息技术的四项基本内容，即信息技术的"四元素"：感测技术、通信技术、计算机和智能技术以及控制技术。

（1）感测技术。该技术延长了人类的感觉器官功能，它主要包括传感技术、遥测技术、测量技术、遥感技术等。

（2）通信技术。该技术延长了人类的传导神经网络功能。这种技术能够突破空间上的限制，帮助人们更有效地传递、交换和分配信息。

（3）计算机和智能技术。该技术使人类的思维器官功能得以延长。这种以硬件技术、软件技术为主的计算机技术和人工智能技术的结合，对帮助人们更好地加工和再生信息有重要的意义。

（4）控制技术。该技术是人类效应器官功能的延长。它可以通过输入指令，即输入决策信息，实现对外部事物运动状态的干预，也就是具有信息施效功能。

信息技术"四元素"之间既相互独立又有机结合，以整体的形式共同拓展人类的认知空间。具体来说，信息技术的核心是通信技术、计算机与智能技术，两者是信息技术存在的基本意义；感测技术和控制技术则是联系信息技术与外部世界的纽带，感测技术是信息的来源，控制技术是信息的归宿，这两者是信息技术实现其基本作用的前提。

此外，信息技术体系中也包括四个基本层次，分别是主体技术层次、应用技术层次、支撑技术层次和基础技术层次。在当今社会中，信息技术已成为发展最迅速、应用最广泛、影响最深远的领域之一。它在改变人们生活方式、教育方式和学习方式的同时，对整个社会的经济与生活结构也产生了巨大的影响。

（三）信息技术的特征

1.高智商的结晶体

信息技术依托大量的知识背景，通过高技术前沿的研究，将知识与智力通过密集型状态呈现出来。信息技术的物化体现就是消息产品。大批科技尖端人才和高素质人才群体展开对信息产品的研究与开发，他们在这一过程中形成了竞争与合作的关系。通过这些人的努力，信息技术得以不断进步与更新，新的信息产品不断出现，并且出现的周期越来越短。

在当前时代背景下，科技领域的各个层面都与信息技术的发展与应用密切相关，如生命科学、新能源、航天航空、自动化等。其他科学研究往往通过信息技术获取现代化的研究手段，促进自身的快速发展。随着网络、通信技术的发展与普及，信息技术在整个社会的覆盖范围大大超过了其他科技成果。

可见，信息技术已然成为当前科技发展的核心，其水平突出反映了人们认识与改造世界的能力，不仅代表着先进生产力，而且在一定程度上决定着劳动生产力的水平。除了高素质人才群体专注于信息技术的开发与研究之外，其他领域中的研究也在不断为信息技术的发展提供新的途径。在信息技术发展领域中，高智商人才的大量聚集，必然促进信息技术的飞速发展，从而将人类带入新的社会历史阶段。

2.短周期效应

信息技术的发展水平越高，信息产品更新换代的周期就越短。在开发信息产品的初期阶段，科技人员通过现代网络及通信技术获取自己所需要的信息，在融入自身创造力的同时加快了产品开发的进度，大大提高了产品的质量。在信息产品的批量生产阶段，信息技术同样为人们提供了现代化的生产手段，使得产品形成的时间缩短，如管理系统MIS、计算机技术等的结合有效减少了产品生产的时间。

以前，一种信息产品的生命周期比较长，可使用十几年或者几十年，现在的信息产品生命周期大大缩短，有的只能使用几年或几个月。信息技术下产品更新换代的周期变化是很明显的，现代市场所具有的竞争力导致产品在短周期内更具有竞争上的优势。就增长速度来说，信息产品开发周期愈短，增长速度愈快。

3.高投入

在信息技术发展过程中，电子计算机、远程通信技术的结合带来了一场革命。信息技术的主要内容包括信息的采集、处理、传递、存储、复制、维护等，集合了计算机技术、通信技术、微电子技术于一体。对于这一技术的研制与开发，每个环节都需要投入巨资，从而支持整个项目的研制。信息技术的高投入通常涉及以下三方面的费用：

（1）配置精密仪器。

（2）消耗尖端材料。

（3）复杂的开发活动。

4.风险

信息技术研发过程中所具有的高投入特征导致其具有高风险，这主要体现在如下三个方面：

首先，信息技术研究具有不确定性。例如，企业为了建立公司的管理信息系统需要投入上百万元甚至几千万元的资金，同时还需要考虑每个部门的岗位情况，把握信息流动的内在逻辑，进而设计和制作出适合本公司的信息管理软件系统。然而，企业自身具有典型的动态性特点，这往往带来信息数据的多变与不稳定，定型决策很难形成，这些不利因素可能会导致管理信息系统不同程度的受损或崩溃。

其次，信息技术从设计、开发到研制成功的概率比较低。综合来看，信息技术领域中新产品研发成功的概率只有3%。换言之，信息产品开发不成功就意味着所投入的资金完全浪费了。

最后，信息产品受市场变化的影响，回报波动比较大。大规模甚至是超大规模集成电路制造企业的出现，一方面促进了巨额成本的生产，另外一方面也导致很多旧产品制造企业被淘汰。从企业角度而言，信息技术企业的生存率远低于其他类型的企业。如此一来，信息技术所具有的高风险性带来了一种新的经营形式，即风险投资。

5.高竞争

在当前社会，信息技术是社会生产力水平的重要反映，不仅可以体现某一个企业的经营水平，而且还可以反映一个国家的综合国力，是政府、企业等关注的焦点之一。与传统竞争相比较，信息技术的竞争突出表现在掌握与利用信息技术上。

在信息技术的支持下，世界上的信息流量激增，这些给计算机和网络在加工、处理、存储、传递信息时带来了很大压力。在国际领域内，很多国家都将信息技术作为竞争的关键手段，各个国家在技术、人才、贸易、投资、货币等方面的竞争从本质上而言其实是信息技术的竞争。

二、信息技术影响下的教育

在信息技术的快速发展下，整个社会从以物质生产占主导地位的形式逐步转变为以信息技术占主导地位的形式，信息技术在促进社会物质生产的现代化过程中，不断向其他领域渗透，这在教育领域中具有十分突出的表现。在我国，教育部要求各高校应该充分利用现代信息技术，采用基于计算机和课堂的英语教学模式，改进以教师讲授为主的单一教学模式。新的教学模式应以现代信息技术，特别是网络技术为支撑。

可见，信息技术教育的优势已经获得了人们的极大认可，也基本形成了初具规模的信息技术教育框架。鉴于后面章节会具体论述多媒体教学与网络教学，因此下面将针对其他两个层面展开分析，从而对信息技术教育的内涵有一个整体上的了解和把握。

（一）计算机技术影响下的教育

关于计算机技术在教育中的应用，可以分为四个方面，分别是计算机辅助学习、计算机辅助教学、计算机辅助测试和计算机辅助教学管理。下面进行具体阐述。

1.计算机辅助学习

计算机具有多种功能，能够用来辅助学习者的学习，如进行数据管理、统计和分析，制作电子文档或表格，处理或修饰文字等，因此计算机本身就是一种辅助学习的工具。学习者可以利用计算机完成以下这些学习任务：

（1）获取与学习内容相关的信息，并保存下来。

（2）对获取到的信息进行加工、处理。

（3）利用计算机技术发表见解或进行主题内容的展示等，如制作表格、绘图、幻灯片展示等。

（4）在科学实验中利用计算机与传感器的有机整合，弥补实验仪器在操作时的缺陷，增加实验数据的科学性，解决实践中的学习问题。

（5）计算机也是一本功能齐全的工具书和参考资料，如某些字典软件或翻译软件等。

2.计算机辅助教学

计算机是一种教学辅助工具，这是因为其具有计算准确、判断快速、容量大、呈现信息方式生动的特点。因此，它在辅助教师传授新知识和新技能，吸引学习者注意力，提高他们的学习兴趣，以及帮助他们巩固知识，培养知识运用能力和解决问题的能力等方面有很大的帮助。计算机辅助教学的课件有很多种类型，常见的有个别辅导型、对话型、操练与练习型、教学游戏型、模拟型、问题求解型、交互式教育光盘型以及电脑游戏型等。

在当前的教育教学实践中，交互式多媒体（Interaction Multimedia，简称IMM）和智能计算机辅助教学（Intelligence Computer Assisted Instruction，简称ICAI）是计算机辅助教学发展的主要趋势。

3.计算机辅助测试

计算机辅助测试功能指的是计算机能够给予教师在生成测试、组织测试以及分析测试方面必要的帮助。

（1）生成测试

教师将与测试相关的内容，如测试科目、试卷类型、答题时间、题目类型、数量、难易程度等信息输入计算机中的题库管理系统。这时，计算机就会按照要求在本机题库的大量试题中选择符合教师要求的试题，并输出所生成的试卷。

（2）组织测试

教师可以将计算机生成的试卷打印成纸质试卷，也可以组织学生在终端上接受测验。与前者相比，后者减少了教师的事务性劳动，同时保密性更强，能够提高测试的公正性。

（3）分析测试

教师可以将学生的纸质试卷用光学标点阅读器录入计算机，然后进行阅卷分析。这种方式能够及时存储、处理和分析测试的相关数据，减少了人为因素对测试结果的干扰。

此外，计算机快速的数据运算能力和信息处理能力也能够在极短的时间内完成有关项目的分析，并生成可视化的数据或图表，为教师深入了解学生的学习现状和安排下一阶段的教学任务提供依据。由此可知，计算机为提高测试水平和教学质量提供了必不可少的技术支持。

4.计算机辅助教学管理

CMI是一种借助计算机达到教学目标的方法，学习者通过计算机与远程的教师进行交流达到学习的目的，教师利用E-mail、BBS、Chatroom、Blog等网络手段进行教学活动，使学习者获得语言知识、语言技能。CMI是一种以教师为中心的教学方法。

（二）通信技术影响下的教育

通信技术影响下的教育冲击着传统的教育观念和教学模式，进一步推动教育在新时期的变革。通信技术通过通用电话网络或专线路线将各个计算机系统和存取信息所需的各种设备连接起来，从根本上改变了以黑板、讲台为特征的传统课堂教学模式。总之，将通信技术应用于教育是追赶时代发展潮流的重要举措，下面就从两个层面做重点分析。

1.获取信息资源

通信技术的发展为教师和学生获取教学和学习信息提供了十分便利的条件。

（1）远程通信将全国甚至是全世界的资源中心、图书馆联系在一起，教师和学生能够随时随地查阅浏览。

（2）教师和学生可从教学资源中心获取所需要的资料，进行下载。

（3）教师和学生可以从科学研究机构等信息资源中心获取第一手的科学信息，提高教学内容的科学性和丰富性。

2.远距离合作学习

传统的远程教学模式是单向的，缺乏教师与学生之间、学生与学生之间的交互，因此存在诸多的弊端。通信和网络技术的发展推动了新型远程教学模式——合作型远距离学习系统的建立。这种学习系统有两种模式：一种是用户组模式，另一种是远程登录模式。前者指的是利用因特网传输电子邮件服务器所支持的用户组功能来实现远程学习。后者则是指利用因特网提供的远程计算机服务功能进行远程登录来实现远距离学习。

第二节　信息技术与高校英语课程整合的目标

一、信息技术与高校英语课程整合的意义

信息技术与英语教学的整合可以打破空间与时间的限制，具有开放、灵活的鲜明特征，任何人都可以在任何地点、任何时间利用网络来学习。信息技术与高校英语教学整合的意义主要体现在以下几个方面：

（一）营造良好的教学环境

良好的语言教学环境对于英语教学质量的提高具有十分重要的意义。具体来说，标准的语音、语调输入，开放、丰富的语言知识，必要的对话与练习机会以及教师的帮助与指导等都属于语言环境的范畴。将信息技术与英语教学有机结合在一起有利于营造良好的教学环境，主要表现在以下几个方面：

（1）信息技术与英语教学的结合有利于调动学生的听觉、视觉等多种感官，从而使他们更加投入地参与到英语学习中来，并逐渐培养英语思维模式，摆脱先将英语翻译成汉语再进行理解的不良习惯。

（2）信息技术与英语教学的结合可使学生接触大量真实、地道的有声资料，有利于帮助学生增加语言积累、了解文化背景、熟悉交际技巧、提升听说能力，进而提高对语言进行综合运用的能力。

（3）信息技术与英语教学的结合丰富了教学手段，使英语教学从过去单一、传统的模式中摆脱出来，变得更加活泼、生动、形象，从而更好地调动学生的注意力、积极性与自信心，有利于培养学生的想象力与观察力。

（4）根据情境法的理念，语言学习如果能在与现实情境相类似的环境中进行，则更容易达到令人满意的效果。信息技术与英语教学的结合可以创设与真实场景十分接近的语言情境，为学生进行知识同化创造了条件。

（二）创造新型的师生关系

在不同的教学模式下，师生之间的关系也不尽相同。在过去的很长一段时间里，我国的英语教学沿袭了传统模式，教师、课本与学生之间的关系如下：

教师—课本—学生

教师是英语教学的主宰者，学生是被动的接受者，而课本只是师生之间的媒介。教师通过对课本进行分析与讲解，将知识传授给学生。科技的发展使计算机逐渐参与到英语教学中，并成为英语教学的有益补充。

计算机的辅助并未对师生关系带来实质上的改变，计算机的应用只是为教师提供了一种新型的讲解或演示手段，使教学效果得到一定程度的增强。但是，信息技术与英语教学的结合，即计算机与教学内容的结合使师生关系发生了根本性的变化。

在信息技术的英语教学模式下，教师、学生、计算机与教学内容是四项基本要素，它们之间存在着相互依存、相互作用的内在联系，因而并不是单向的。教师不再是课堂的主宰者，学生则由被动的接受者变成知识的积极构建者，一种合理、和谐、全新的师生关系产生了。

（三）提高自主学习的能力

在传统的课堂英语教学中，处于被动地位的学生很少有积极参与的机会。课堂上的大部分时间主要用来灌输语言知识，这就很难将学生的积极性调动起来，语言能力的发展也会遇到很多困难。

但是，如果由学生来掌握学习的主动权，并按照自己的意愿来查找学习资料，其弊端也是显而易见的，这既会使他们离正确的学习方向渐行渐远，也会带来费时低效的结果，因而也是不现实的。

学生是具有独立思考能力的个体，是知识意义的积极建构者。以信息技术教学为媒介，学生不仅可以摆脱时空的客观限制，根据自己的安排来选择合适的时间、地点进行学习，还可凭借电脑来组织、参与相关的学习活动，从而在教师指导与自我规划的基础上展开自主学习。这样一来，教师不再是唯一的知识传授者与信息来源提供者，学生在教师指导下进行的自主学习也不会偏离正确的方向。

（四）提供海量的学习资源

在我国英语教学实践中，语法翻译法曾长期占据主导地位。受其影响，文学著作成为主要的学习资源，学生虽然学到了规范、地道的语言知识，日常交际能力却没能得到提高。

通过信息技术，不仅可以得到大量的文学语言资料，还能接触很多日常生活用语，其数量之大、语言之生动都远远超过了传统的英语教科书。

需要特别说明的是，网络信息资源的更新速度很快，有利于及时了解一些新出现的词汇与表达方式，从而大大提高了语言的实用性。此外，网络能够帮助学生一边掌握语言技能，一边补充文化背景知识，深化对语言内涵的理解，提高文化素养。

总之，信息技术与英语教学的结合可提供海量学习资源，极大地满足学生的求知欲。

可见，信息技术为英语教学提供了远远超出教材范围的大量资源，学生可由此进行主动的、有意义的知识构建。

二、信息技术与高校英语教学整合的目标

著名学者沃沙尔（Warschauer）指出：无论是今天的教育，还是未来的教育，教师是其中的组织者、督促者、向导和咨询人，学习不再是为了学习而学习，而是为了满足需要而学习。信息技术应用于高校英语教学是为了满足未来的需要，而应用的关键在于对这种机遇的了解和把握。具体来说，信息技术与高校英语教学整合的目标包括以下几个方面：

（一）提高学生学习的积极性

信息技术下的高校英语教学，可以将学生的主体地位充分地发挥出来。学生从自己的需要、可能出发，选择恰当的上课时间，采用适合自己的教学进度和方

法，在网络的指导下进行练习。当学生遇到困难时，学生可以随时放缓速度，随时进行补充，随时增加信息量；当学生感到容易时，经"网络教师"的检验与测试，学生可以加快进度，减少练习量。

在这一过程中，学生能够及时巩固自己的语言技能，改正自己学习中的失误和不足，从而促使他们形成正确的语言习惯。同时，学生可以随时运用多种教材和课件，或者访问、查询、下载网上的信息和资源，进行个别化的学习。如果遇到问题时，他们可以通过E-mail等与教师进行沟通，让教师帮忙答疑解惑。因此，网络的应用使学生的学习不再受到干扰，也可以使他们及时了解自己的学习情况，将自己的主观能动性发挥出来，激励自己的英语学习。

高校英语教学属于技能课程教学，光靠理论学习是不可能的，还需要大量的操作训练。在传统的高校英语教学中，学生并没有充足的自信心，他们害羞于在公共场合露面，上课状态也非常焦虑，担心被教师提问，担心自己丢脸。相比之下，在网络环境下的高校英语教学中，学生不必担心这一问题，情感层面的焦虑也会被释放，这时他们愿意提出问题、回答问题。因此，网络创造的这种宽松的环境有助于提升学生的学习效率。

另外，由于网络环境本身是一种交互式学习环境，动态与静态结合、图片与文字结合、声音与情感融合、视觉与听觉并用，其表现效果也更逼真，因此学习也就不再是一种枯燥的事情，而能够引起学生的兴趣，更好地发挥自己的智力因素，调动自己的学习潜能和积极性。

（二）达到最佳英语教学效果

计算机作为一种工具，可以大大提升教师的工作效率，如教师教案的设计、学生成绩的登录、教学资料的查询等都可以通过计算机轻松地完成，从而大大减少了教师的工作量。

在高校英语课堂教学中，教师可以通过工作站、服务器等对自己的备课内容进行讲解，并可以随时监察学生的学习情况，通过将全班学生的整个操练过程记录下来，及时了解学生的实际语言情况，最后对测试结果进行分析和统计。

在批改作业上，客观性的题目也可以通过计算机来处理，主观题可以由学生通过计算机操作，然后教师利用文字处理软件进行整理和批改。这样不仅从根本上解决了学生数量多、教师数量少的矛盾，而且还可以让教师从琐事中解脱出来，让他们将更多的精力放在重要问题和环节的教学和讲解上。这些重要的问题和环节包含对教学大纲的理解、教学方法的研究、教学内容的组织等。

试题库的建立一定程度上允许学生自行选择时间进行测试，如果通过了考核，那么他们可以进入下一阶段的学习。只有这样，才有可能实现真正程度上的学分制管理，做到因材施教，因为这一方法将学生从传统固定的教室、固定的教学方法、固定的教材中解脱出来。在这种环境下，教师可以根据社会需要进行教学自我调节，学生也可能运用最合适的方式使自己尽可能地达到自己想要达到的水平。

除此之外，教师与教师之间、教师与不同班级的学生之间还可以进行教学成果共享。某位教师备课的成果通过电子处理后，上传至网络，其他教师可以下载学习，这样可以促进水平不高的教师的成长，也促使水平高的教师不断脱颖而出。

（三）提高学生综合运用能力

网上学习交流能采用虚拟教室、电子白板、参加新闻组、加入电子论坛、发送和接收E-mail等多种教学方法，实现不同时间、不同位置的信息交流，可能是一对一交流，可能是一对多交流，也可能是多对多交流等，通过有声设备、计算机、数字视频等的交流，使学生在虚拟教室中完成学习任务。学生还可以通过万维网交谈、网页讨论版、在线交流等方式，与世界各地的英语本族语言者进行交流，锻炼学生的口语能力、写作能力、分析与逻辑思维能力，同时还能促进人际间的交往。在这一过程中，学生运用信息技术的能力也要不断提高，熟练使用计算机软件，并掌握快速搜索功能。

（四）激发学生学习和求知的欲望

在网络环境下的高校英语教学中，除了传统文字教材外，教师首先可以从学生的基本情况出发，调用各种资料编辑与制作各种教学课件，既要符合学生的教学风格，又要符合学生的需求。教师还可以根据需要在网上进行选择和搜集学习材料，不断更新和丰富自己的教学内容。例如，在阅读课上，教师可以在不改变该课程要求的前提下，运用新资料代替其中的一些部分，使课程符合时代发展的特征，激发学生的学习主动性和积极性，实现既定的学习目标。

其次，教师可以利用与文字教材配套的电子教材。教师还可以选择与我国国情适合的光盘，如英语新闻、任务传记、原版电影等。这些软件具有地道、纯正的发音，使学生有更多的机会接触英语本族语言，通过这样的模仿有利于提升学生的口语水平。此外，由于国际互联网的通用语言也为英语，因此在网上存储着应有尽有的多媒体形式的资源，有专门的教学资源，有实时性极强的报刊资源，这些资源都为学生提供了原汁原味的资料。

第三节 信息技术与高校英语课程整合的方法

信息化时代的到来促进了很多新的教学思路与方法的出现，为了迎合时代发展的需求，高校英语教学应该摒弃传统的教学思路与教学方法，建构与重塑新的教学思路与教学方法，从而保证所培育出的高素质人才适应社会的发展。

一、信息技术与高校英语课程整合的思路

在信息技术的辅助下，高校英语课程教学中出现了很多新的教学思路，通过信息技术，学生的大脑思维得到了较大的创新，视野得到了有效的开阔。简言之，信息技术与高校英语课程整合的一个突出途径就是创新思维的发展。另外，产学结合也是当今时代发展的一大潮流。

（一）创新思维的思路

1.创新思维的内涵

在分析创新思维的内涵之前，有必要首先对思维有一个详细的了解。思维这一术语相对比较抽象，因为对于人类而言这是一种不可见的事物，其存在并运行于人类的大脑中。

通过思维而获得创造工具的能力是人类与动物共同的标志，只是人类较为

高级一些。我们既然承认人类发源于动物界，那么就应当承认动物思维的存在，不过这只是最广义的思维范畴，从严格意义上来说，动物只具有低级的思维方式，而经过不断进化的人类的大脑才是高级思维的物质条件，是高级思维方式的基础。人类的语言也是从动物的这种广义范畴的低级语言逐渐进化到狭义范畴的高级语言的。或者说，人和动物思维的本质不同在于各自运用不同的语言思维方式。从生理学角度来看，思维也是人类与动物之间共通的，它是一种高级的生理活动，是大脑中的一种生化反应过程。人类除了睡觉之外，几乎每时每刻都在思考，思考人与自然界的关系，思考个人与他人的关系。通过思考从现象深入事物的本质，发现事物的内在规律，使自身能够在客观世界中生活得更好。可见，人的思维是对客观世界的一种反映，是人类在认识客观事物时动脑筋进行比较、分析、综合等的过程。

人类无时无刻不在用自己的大脑进行着思维，进行着创造，而人们却很少对自身的"思维"进行思考。在学校里，思维科学也很难成为一门独立的学科。虽然有脑科学、语言科学、逻辑学等相关学科研究思维的物质基础、外在表现、各种形式等，但是对于人类"思维"的整体研究无法独立成科，这确实是一个遗憾，其关键原因就在于很难为思维定义。那么究竟怎样给思维下一个准确的定义呢？人们会从哲学角度、心理学角度、语言学角度给出不同的定义。

思维科学的创始人钱学森教授高度重视思维科学的重要性，把思维科学提升为与自然科学等并驾齐驱的一类科学。他提出了现代科学的一个纵向分类法，把现代科学分为六大部类：自然科学、社会科学、数学科学、系统科学、人体科学和思维科学。这样，我们就能够更加清晰地认识思维科学的位置，上面所提到的脑科学、语言科学、逻辑学、心理学等学科都可以统一在思维科学体系之下。科学家提出了一整套思维科学的体系架构及其友邻科学，我们可以做一下参考。总之，要为思维定义，一定离不开三个要素，即人脑、客观事物、内在联系。首先，思维是人脑特有的机能，是人的大脑中进行的一种"活动"和"过程"，是一种生化反应；其次，思维是人脑对客观事物的反映；最后，人类通过思维能够认识客观事物的内在联系，对客观事物形成间接的和概括性的反映。

那么，什么是创新思维呢？所谓创新，就是在头脑中创造新的意象、表象和形象的思维和意识的过程。创新思维的产物是在社会本质和发展规律的范畴内进行的，因此需要符合历史文化传统，达到引领社会历史与文化发展方向的作用。创新思维的产物也需要符合民众的审美需要、审美情趣和审美习惯，并引领民众的审美向前发展。创新思维的产物应该是在一定的目的引导下，符合规律性的成果，不仅应该具有可理解性、合理性，也需要带有一定的欣赏性和艺术性。

（1）一种意象思维

新的形象与表象的创造最初是从意念开始，然后发展到意象，最后产生具体的形象。这个过程说明创新思维也是一种意象思维。内觉和意念是处在同一层次并属于同等的概念。所谓内觉和意念，就是萌发在内心的最初的情感体验，是没有明确的指向性和对象性的内心深处的一闪而过的萌发和冲动。

内觉和意念是对过去和当下的感知材料的最初组合，这种组合还没有形成一个完整的意象。内觉和意念的进一步发展就会产生较完整的意象，意象是内觉和意念的升华，是内觉、意念和情感冲动找到了外界的"象"而产生的审美形象。意象同内觉和意念相比具有形象性、稳定性，并能使创新主体感觉到。

主体在创新过程中，由内觉、意念达到意象后，还得由意象升华到完整的表象和形象。同意象相比，表象和形象是清晰可辨的，是生动、典型的；表象和形象是相对稳定的，它不仅能被创新主体所感觉到，而且能把它传递给别人。创新思维是一种"象"的思维，它相伴着创新思维始终。"象"是创新思维的最基本单元，也是创新思维的媒介和表达，但创新思维的"象"又蕴含着"思想、文化和传统"。

（2）一种实践思维

实践思维指的是以在实践的驱使下以用来解决实践中的认知问题为目的的一个认知与思维环节。这种思维不带有理论思维的高度认知独立性和纯粹性。创新思维总是在实践提出的具体目标、任务和方案的基础上启动的，并且在整个创新思维过程中，其创造的意象以及意象所表征和内蕴的含义，都是在具体实践的目标、任务和方案所规定的范围内进行。

创新思维的实践性还在于要把头脑中通过创新所获得的意象和表象用具体的物质材料表现出来，从而使其外在化和对象化，并成为一个可感、可观和可触的创造物。创造物的获得主要不是靠思维和意识，而是靠现实的实践制作出来的。若没有制作这一实践过程，创新思维是没有完成的，也是没有达到目的的，因此实践不仅是创新思维的重要特征，也是创新思维中不可或缺的部分。

创新产品不只是客观存在的产品，而且更是具有典型生动形象的产品，它通过生动的画面和动听的音响吸引人的感官和触动人的情感，人在身心感染中接收了创新产品的信息。创新思维的实践性不同于一般的生产实践，而主要是一种艺术生产实践。

（3）一种价值思维

任何思维和意识都是有目的的，都要满足主体的一定需要，都是为了获取一定的利益。因此，任何思维和意识都有价值性。但不同的思维和意识的价值性的分量和程度是不一样的。创新思维作为一种价值思维，它的价值是非常现实、具体和可操作的。

创新思维的发起是有着非常具体的动因价值的。创新思维是为宣传一种产品或表达一种主张或展示一种文化理念而制造的一种创新产品，这种创新产品所宣传、主张和展现的实际是特定人或人群所持有的一种价值和价值观。

创新思维的整个过程始终有一种规范价值的示导。从意象和表象的创新到它的成型，从它的内容到它的形式，从它的可传达性到可表达性都要传达特定的信息和表达特定的文化精神，也即传达一种特定的价值和价值观。

创新作品展现出特定的价值和价值观。不论创新作品的主题思想还是它的形式风格，也不论创新作品的形状大小和图案线条，还是它的颜色浓度和颜色搭配，都在传递和表达着特定的价值和价值观。

2.创新思维理念在高校英语教学中的应用

（1）教学文化的观念更新

教学文化是一种持久成型的教学传统、教学思维方式、教学价值观念和教学行为习惯的类型和范式，是一种教学背景下教学者和学习者的课堂生活方式。为了英语教学更好地发挥其创新思维培养功能，应当打破教学传统，转变教学思维，更新教学价值观念，改变教学行为习惯，建立一种新型的教学文化。

首先，冲破教师权威，建立学习活动中平等的师生关系。教师不是学习活动的主体，教师的作用不是向学生单向地传递知识，而是组织、参与、指导和评价学生的学习活动。学生才是自己学习活动的主体，学生不应只是从教师那里单向地接受知识，更应在教师的指导下从各种信息源主动地汲取直接知识。

其次，要冲破知识权威，建立崇尚思辨的教学环境。英语教学不仅要使学生获得语言知识和技能，更要发展学生的认知思维，培养学生敢于并善于质疑权威的意识和行为，提高学生对所学语言知识及其承载的文化的真伪识别能力和价值判断能力，进而培养学生的探究意识和思辨精神。

（2）教师创新思维能力的提升

创造性思维指的是通过新技术或新方法对问题进行解决、处理的一种思维方式，是思维的高级形式。在信息技术背景下，教师应具备创造性思维，能充分利用丰富的网络资源进行教育科研、教育创新，具体涉及以下几个方面：

其一，独特性思维，要求教师要具备丰富的中外文信息资源，可以设计出个性化的教学模式与方法。

其二，多向性思维，要求教师具备对资源信息进行总结、推理的能力，从而使语言教学的条件与教学效果得以改善。

其三，综合性思维，要求教师具备将语言学科与信息技术进行整合的能力，充分利用网络技术的优势，提高语言教学效果。

其四，发展性思维，要求教师具备前瞻性眼光，顺应技术发展的趋势，对教学的发展前景做出合理预测。

此外，从教学方法上来看，具备创造性思维的教师可以将多种教学方法综合起来使用，根据不同的学生与主题内容来设计不同的教学活动与展现方式，引发学生主动思考，培养学生的创新意识与创新能力。在新的社会环境下，教师应该充分利用各种教学资源进行教育创新和教育科研。独特性思维要求教师应该对中外文信息资源有足够的掌握，从而设计出个性的教学模式和方法。多向性思维要求教师具备对教学资源进行归纳的能力，从而优化自己的教学效果。综合性思维要求教师具备将语言学科与科学技术整合的能力，能够将科学技术最大化地运用到教学中。发展性思维要求教师的眼光应该具有前瞻性，跟着技术发展预测教学的发展前景。

（3）赋予学习评价新的内容

学习评价是指对学生学习活动过程和结果的评价，具有诊断、反馈、调节、激励和导向功能，在学生学习过程中起着重要作用。传统的等级学习目标和标准式考试评价策略使得聚合思维和发散思维严重失衡，批判思维严重缺失，抑制了学生的个性发展，损伤了学生的创新思维自信，也泯灭了学生英语学习的热情和内在动机。

为了激励和导向创新思维培养，英语学习评价要赋予新的内容，完善创新思维型学习评价策略。例如，可以借助改善原有的评价方式和评价手段有效促进学生的个性化发展，将好奇心强、乐于探究、敢于质疑、据理力争、积极发表自己见解等课堂行为纳入形成性评估的考核范围。

（二）产学合作的思路

1.产学合作的内涵

在大企业，企业教育被视为企业经营战略的重要组成部分，并给予了特别的重视，专门培养及提高企业所需人才的技能。同时，中小企业也会根据本企业的具体情况单独或联合开设本企业学校或研修所，培训从业人员。

2.产学合作理念在高校英语教学中的应用

（1）调整英语课程设置

合理、恰当地对英语课程设置情况进行调整，是信息化时代产学合作教学理念的重要方面，是英语复合型人才培养的要求，也是对英语应用型课程进行改革的基础。在信息化时代，高校英语课程在设置层面上需要满足社会整体发展的要求，所培养的英语复合型人才应该以市场为导向，全面拓宽培养方向。

首先，在英语教学的过程中，英语教师应该多为学生设置一些与英语职场相关的活动环节，确保学生在参与这些活动的过程中可以掌握与时代发展需求相适应的英语专业知识，如此才能真正实现教学目标，促进教学工作的全面开展。可以说，学生通过职场教学活动的环节可以增长自身的专业英语知识，从而为将来在企业中工作打好扎实的基础。

其次，在英语教学过程中，教师在安排与职场相关的教学环节时，必须以学生自身素质的全面发展为重要前提。

最后，为了提升学生未来在社会上的竞争力，成为一个综合型的人才，教师除了在教学中教授英语专业知识的内容之外，还需要针对不同的专业增加一些文化层面的知识，如社交礼仪、职业素养等，让学生通过具体的模拟行为，增强自身的社会文化适应能力，最终将英语知识与社会文化知识相融合，大大促进自身社会适应能力的提升。

（2）推行突出职业特色的项目化课堂实践教学

根据高校英语课程体系所具有的鲜明特点，再结合不同专业特色以及社会就业市场的真实需求，教师可以尝试将一些具有明显专业特色的教学任务融入英语教学的过程中，学生完成这些任务时，不仅可以学习专业知识，而且还可以有效地训练自己的听、说、读、写、译五个方面的综合能力。当然，这些任务的安排与实施对高校英语教师自身的能力有较高的要求，英语教师只有有效识别哪些项目具有可教授性，才能将这些项目融入英语教学的过程中。如果英语教师不能够准确识别具有专业特色的项目，那么安排给学生进行操作，只能是白白浪费了学生宝贵的学习时间。

（3）更新教学手段与方法

信息化时代的产学合作人才培养模式要求英语教学突出职业特色，因而教师在选择教学方法、教学手段时应该注意将教师的"教"与学生的"学"融为一体，确保教学的双边主体都产生效应，最终实现教学目标。在教学过程中，教师可以通过一些模拟的职场工作场景或通过一些视频、录像等方式来展示教学活动，如此不仅可以有效地激发学生使用英语的兴趣和能力，而且还可以拓宽学生的知识视野。不过，教师在这一过程中应该具有整体观念，从总体上引导课堂教学活动，从而实现双赢，即不仅提高学生的职场英语能力，同时还可以促进教师教学创新能力的提升。

在产学合作理念的指引下，英语教师只有打破原有学科的落后框架，突出英语教学的职业特色，将具体的职业工作流程作为自己开展教学的参考系数，将教学过程转化为学习情境，确保学习、工作两个过程保持一致与统一，通过模拟任务、职场项目、理论知识、拓展教学等模式与方法，让学生在完成自己任务的同时体验英语语言的真实运用，如此才能激发他们学习英语的真正兴趣，让学生毕业后就可以将自己所学习的英语语言知识应用到工作中，最终满足社会对复合型英语人才的迫切需求。

（4）开展第二课堂实践教学

在信息化时代背景下，产学合作理念要求英语教学突出职业特色，英语教学改革的目标就是对应用型人才的培养，对学生英语语言综合运用能力提出了更高的要求。为此，教师需要激发学生学习英语的潜能，最大限度地满足学生学习英语的各方面兴趣。对学生而言，课堂只是学习英语知识的一部分，而且课堂时间是十分有限的，教师有时候无法在课堂上检验学生学习英语的最终效果。因此，学校和教师可以充分利用课后的时间，即积极开展第二课堂实践教学。通过第二课堂实践教学，教师不仅可以检验学生所掌握英语语言的水平，而且还可以在一定程度上激发学生学习英语的热情，开阔他们的视野。在第二课堂实践教学的过程中，教师应该对学生给予更多的关注，引导他们掌握正确的学习态度、方法、手段等。

二、信息技术与高校英语课程整合的方法

（一）"英语读写"课程与信息技术融合的设计思路

将"阅读"与"写作"融合成一门课程——"英语读写"，这样的课程设计既不排斥课堂读写的功能，又倡导网络读写的优势，对"阅读"与"网络阅读"进行深度融合，结合教材，但又突破了书本内容以及时空限制。英语读写课的特点是将读与写紧密结合，以写促读，以写带读，提高了学生的阅读、写作和整体英语水平。发挥了网络教学的优势，扩大了阅读面，增加了写作量。网络环境不仅为学习者之间的多模态互动提供了教学平台，而且也为教师提供了多样化的教学手段和大量的信息资源。

（二）"英语视听说"课程与信息技术融合的设计思路

语言学习与应用是一种多感官的体验，而不同的媒体则通过不同的感官渠道传输语言信息。信息本质包括信息的产生、传输以及接受等，离不开基于视觉和听觉"双代码"系统，"英语视听说"有机结合了视觉、听觉、口语表达的综合功能，又在不同阶段体现各自特色，既加强了课堂教学的功能，又倡导了网络训练的优势，结合了教材，但又不拘囿于书本内容及时空限制。

（三）"英语文化教学"课程与信息技术融合的设计思路

将现代英语教育技术充分融入"文化"类课程，教材与网络资源成了突破

时空障碍的有机立体整体，英语教育技术与"文化课程"的深度融合实现了"全媒体"的教学模式，实现了以教师为主导、学习者为主体、教学资源为支撑的相互融合的教学环境。加强课堂内外的互动，而且互动的要素不仅仅包括学生和教师，各种信息技术都可以成为互动的媒介……互动的时间无限延长，摆脱了上课这一有限的时间范围，课内、课外互动得到有机的结合；互动的空间无限扩大，即使远离课堂这一传统互动场所，依然可以进行。

第七章
高校英语主体与客体的优化与重塑

第一节　信息化时代高校英语教师专业化水平的优化与重塑

教师的教学水平直接影响着教学的效果。研究英语教师专业发展问题，可以使整个教师群体具备可持续发展能力，因此是教学界比较关注的问题。下面就对教师专业发展的相关知识进行探讨。

一、教师专业发展简述

（一）教师专业发展的概念

要了解教师专业发展，必须首先了解它的概念。下面首先分析教师专业发展概念的提出，进而探讨教师专业发展的界定。

教育界学者认为，专业是通过特殊的教育或训练掌握了业经证实的认识，具有一定的基础理论的特殊技能，从而按照来自特定的大多数公民自发表达出的具体要求，从事具体的服务、工作，借以为全社会利益效力的职业。

社会学家卡·桑德斯指出，专业是指一群人从事一种需要专门技术以及特殊智力的职业，目的在于提供专门性的社会服务。

近代西方哲学家怀特海（A.N.Whitehead）认为，专业是一种有可验证的理论基础、科学研究的行业，并且能从理论分析与科学验证中积累知识来促进这个行业的活动。

总之，专业是具备高度的专门职能及相关特性的，主要具有以下特点：

（1）专业本身具有发展性。

（2）严格的专业选拔与有效的专业训练。

（3）专业人员具有系统而全面的专业理论和实践知识基础。

（4）专业人员具有较高水平的专业判断和决策能力。

教师专业发展包括知识、技能等技术性维度及道德、政治和情感的维度。教师专业发展包含所有自然的学习经验和有意识组织的各种活动，这些经验和活动有益于个体、团体及课堂教育质量的提高。教师专业发展的根本是态度上的改善和专业表现的改善，简单说就是态度和功能的发展，态度的发展包含知识性发展和动机性发展，功能的发展体现为程序性发展和生产性发展。教师专业发展是伴随教师一生的专业素质成长的过程，是教师专业信念、专业知识、专业能力、专业情意等不断完善的过程。教师作为教育教学专业人员，要经历一个由不成熟到相对成熟的发展历程。成熟是相对的，发展是绝对的。教师专业发展空间是无限的，发展内涵是多层面的，包括知识、技能、能力、态度、情意。教师专业发展是教师基于知识、技能和情意等专业素质提高的专业成长的过程，是由非专业人员转向专业人员的过程。教师专业发展是以教师个人成长为导向，以专业化或成熟为目标，以教师知识、技能、信念、态度、情意等专业素质提高为内容的教师个体专业内在动态持续的终身发展过程，教师个体在此过程中的主体性得以充分发挥，人生价值得以最大限度实现。

（二）教师专业发展的取向

教师专业标准表示的是教师的专业化价值，其是对教师专业期望水平的指向和描述。

澳大利亚著名学者因格瓦森（Ingvarson）认为，教师的专业化标准应建立在最佳教学实践的追求与研究上，并指出教师的明确责任，而不是仅限于在教学过程中对教学内容的简单描述。教师的专业标准要求教师应该向其他专业人员或者其他教师说明教学的中长期目标及教师专业发展的过程与阶段，让教师能够找到提升自身专业发展的方向，对自身的专业发展过程予以明确，坚定地践行教师专业标准的要求。

通过分析各个国家、各个地区的教师的专业发展的标准，结合我国的实际情况，可以将我国教师专业发展的取向归结如下：

1.应坚持"以学生为本"

教师专业发展的一个基本精神就是"以学生为中心"。在教学中，教师首先应该热爱学生，只有真心地对待学生，才能给学生带来素质与能力的提升。"以人为本"的精神在教师的教学中体现得尤为明显，教师在促使学生获取知识、提升自身能力、培养自身情操层面所取得的成绩是评价教师是否专业的标准。教师基本的职业道德就在于热爱学生，他们应该从关心与爱护学生出发，对教学工作与日常的班级管理工作进行关注。教师对待学生的态度会对学生的发展产生一定的作用。因此，对于教师而言，促进学生的全面发展显得非常重要，也是工作的重中之重。

另外，学生在教育系统中有着非常重要的地位，学校的基本任务就是促进学生的素质与能力的提升。因此，教师应该将学生放在主体的地位，真正地做到以学生为中心。

教师专业发展的动力与根据在于学生学习目标与学生成绩之间产生的差距。因此，在教师专业发展的过程中，不仅需要对教师予以关注，还需要以学生为本。

2.应注重合作学习

教师与学生、同伴、家长之间的合作有助于教师提升自身的专业能力。教师与学生合作，有助于提升教师的学业水平。在合作的过程中，师生之间创造和谐的学习氛围，让教师与学生在融洽的环境中，提升彼此的素质与能力。教师与其他同伴的合作，有助于扩展彼此对不同学生的认知，加深他们对自身知识的理解和把握。

教师专业发展的标准要求教师有不同的角色定位，他们不仅是学生的引导者，也是同学生、同伴各方合作的领导者，同时还是学校的贡献者。

3.应学会终身学习

教师专业发展是一个长期的过程，因此教师应该学会终身学习，不断追求自身的专业发展，更好地与社会发展相适应。

社会的迅速发展使知识也得到了迅猛发展，在教师教育中，他们是学习的指导者，也是知识的需求者，他们需要将自身的知识传授给学生。但是，在知识大爆炸时代，教师仅仅依靠自身的一些专业知识与技能已经很难完成当前的教学过程，因此需要教师接受继续教育，不断对自身的素质与能力进行更新与改进。

具体来说，教师除了对自己任课的知识有清楚的学习和把握外，还需要对与自身学科相关的知识有所涉猎，尤其是现代的教育技术手段。教师应该充当学生的榜样，在自身终身学习的过程中，传播学习理念，让学生也不断培养终身学习的习惯。

（三）教师专业发展的意义

世界在不断向前发展，再加上中国坚持改革开放的政策，因此需要大量的复合性、国际性、综合性的人才。担任培养这类人才的重任就落在了教师的身上。教师只有不断提升自己、不断学习，才能保持知识足够、理念新鲜、方法灵活的水平。

首先，教师身份的教、学、研三重性就决定着教师工作是十分复杂的。在教、学、研不断动态发展的过程中，教与学应该相长，用教学带动研究，以研究促进学习。另外，教师的自身角色也要求教师应该树立正确的学习观，掌握科学的教学方法和策略，学习与时俱进的教学论，具备积极的科研功底与态度。由于教师教育具有动态发展的特点，同时还具有长期性，因此教师的专业化要求也是不断持续发展的，它会贯穿于教师的整个教育生涯。

其次，教师这一职业还具有社会性，它与社会的发展有着密切的关系。社会的发展是日新月异的，再加上科技的迅猛发展，社会上新理念、新思潮不断涌现出来，这也要求教师的教育应不断发展。

此外，英语具有独特的学科特点，这就需要教师应该放眼世界，胸怀国家，从世界的视角来看待英语教育。尤其是当今的学生有着鲜明的发展性与时代性，这就要求教师以往的"一师一法"是行不通的，他们应该以不变应万变。

上述这些方面都要求教师要扩大知识面、接受专业化教育、提高自身专业化素质与水平。总之，教师专业发展是必要的，应予以重视。

（四）影响英语教师专业发展的因素

可以将影响英语教师专业发展的因素划分为三类：个人因素、学校因素、社会因素。

1.个人因素

由于各大高校在不断扩招，高校师资力量极其短缺，新手教师的知识（如教育学知识、心理学知识、专业知识等）都是书本上的抽象知识，缺乏具体的经验，因此在具体的教学实践、教学理论、教学方法、师德培养等层面都与成熟的教师有一定的差距。但是繁重的教学任务又不得不让新手教师着手应付，因此就忽视了自身的专业发展。

2.学校因素

当前，各种评价制度、考核、评比等使学校的行为趋向于功利化。在学校管理上，有些学校的规章制度较为复杂，英语教师除了要完成常规的教学任务外，还要应付各种比赛、评比与考核。原本这些考核主要是管理者对英语教师的管理与激励，却不知在无形中束缚了英语教师的专业发展，使得他们难以平静地追求工作的内在价值，也很难体验到职业生涯的快乐。

对于高校英语教学而言，等级考试成绩仍然是评定教师水平的一项重要指标。当前，虽然各大高校对英语教学越来越关注，但是学校管理层更看重的是教学结果，即等级考试通过率。学校对英语教师的期望值过高，却没有为教师的专业发展提供良好的平台，这样必然使得教师对自己的工作产生倦怠。

3.社会因素

虽然近些年教师的社会地位、职业声望得到了一定的认可和提升，社会上也出现了尊师的良好风气，高校英语教师的待遇也得到了提升，但是这种期望会给教师带来巨大的精神压力，使他们在很大程度上心力交瘁，影响自己对教师这份职业的追求。

二、信息化时代高校英语教师专业化水平优化与重塑的途径

信息技术时代对高校英语教师的专业能力提出了新的要求，如何实现教师的专业发展受到越来越多人的重视。下面就对信息化时代高校英语教师专业化水平优化与重塑的途径展开探讨，以期促进高校英语教师的专业发展。

（一）自主学习

信息化环境下的教师教育更多的是自主学习，据此需要教师建立信息意识、掌握信息知识、提升信息技术与课程整合的能力。自我发展是教师提高信息素养的重要途径，也是最容易实现的一个途径。

1.自主学习的形式

第一，收看教学录像。

第二，参与网络教育论坛讨论。

第三，阅读相关文献。

第四，观摩他人教学。

第五，参加教学研讨会。

2.在线自主学习的机会

教师的自主学习也包括向学生或向自己的孩子学习。目前，国内外已经有很多语言教师的在线发展机会。通过一些学习网站，英语教师既可以下载丰富的英语教学资源，了解英语教学的新动向，也可以与同行分享教学经验，参与教学问题的讨论。

面对面的培训便于培训师当面指导，优点是节省时间及经费、契合本校教学实际，缺点是个性化、针对性不足；网络协作学习的优点是自主灵活性，缺点在于培训组织和管理松散，缺乏效率。综上所述，提高教师信息素养的各种途径有利有弊，应该根据教师的不同发展需求，采取灵活多样的途径。

（二）专业引领

在学习化的社会中，英语教师也需要不断地学习。随着我国高校英语教学改革的推进，再加上信息时代的到来，教师要想实现自身发展，必须更新教学理念，先进的教学理论需要通过高层人员（如骨干教师、研究者等）的协助与带领。

专业引领是促进教师专业发展的一个有效途径。专业引领人员可以是教育研究的专家与行家，不仅包括专业研究人员，如教育科研人员、教研人员，也包括具有教育研究专长的人员，如学科带头人、特级教师等。高校英语教师应虚心向这些专业人士学习，接受本领域中先进的思想、经验及技术方面的专业引领。专业引领的实施可以采取以下方法：

1.阐释教育教学理念

教育教学理念对英语教师的教学行为具有很大的影响。高校英语教师应不断地学习先进的教育教学理念，以促进自身专业发展。为了完成这一任务，专业引领人员可以采取多种形式，如教学诊断、专题研讨、座谈咨询、学术报告等。

2.共拟教育教学方案

当高校英语教师完成对先进教育理念的学习并形成自己的教学理念后，专业引领人员与被引领人员一起展开交流讨论，引领教师，同时双方一起拟定出教育教学方案。专业引领人员应注意发挥引领作用，同时指导教师的教学设计，使教师可以设计出个性化的教学活动。通过专业引领，高校英语教师可以顺利制订出符合教育理论要求的教学方案，同时可以在具体的教育活动中得以有效的实施。

3.指导教育教学实践尝试

制订教学方案后，英语教师就应将教学方案运用于教学活动中，对教学设计与教学方案加以验证。这就要求专业引领人员进入课堂教学，对英语教师的具体教学行为展开观察与记录，主要涉及教学方案的实施情况、教师教学设计的执行情况、教学方案与具体课堂教学的比较，从中找出差距，发现存在的问题。在课堂教学结束后，双方共同交流、探讨，对教学方案做出进一步的修订，从而改善教学设计与教学行为。

（三）教学反思

美国教育家杜威认为，反思是指对于任何信念或假设的知识，进行主动的、持久的和周密的思考。教师进行反思有利于促进其自身的专业发展。反思性教学指的是教师从自己的教学经验中进行学习的过程。

通过反思性教学，教师对自己的教学活动进行思考，对自己的教学行为、决策及由此形成的结果加以审视与分析，以此为依据，采取相应的对策。这一模式是促进教师专业能力的一种有效途径。

1.反思性教学的内容

反思性教学的内容主要包括以下几个方面：对教学理念的反思、对教学技能的反思、对教学过程的反思、对教学效果的反思。

（1）对教学理念的反思

英语教师应该反思自己的教学理念，用先进的理论武装自己，根据多元社会的要求转变教育理念，从而从思想上为自己的角色转换排除障碍。对教学理念的反思主要包括对自身教育观、教学观、学习观、语言观、课程观和职业观、教师价值观及道德观的反思。

通常而言，课堂教学的组织与安排主要涉及下面这些内容：对学习活动进行选择，为学习者学习新知识做好准备；将学习活动呈现出来，根据学习活动提问；对学习者的句型操练加以指导，检查学习者的理解程度；给学习者提供机会进行语言操练，对学习者的学习过程加以监控；对学习者的学习活动提供反馈等。

在教学过程中，如果想要了解教师对上述这些教学活动是如何进行处理的，就需要审视教师的教学理念。这是因为教师的一切教学活动都是受其自身的教学理念所支配的。教学理念的反思有助于教师理性地反思自己的教学实践，评价自己教学实践的合理性与有效性。

（2）对教学技能的反思

反思性教学的内容还包括对教学技能的反思，具体应考虑以下一些内容：

①在课堂教学中，理解性问题、开放性问题及高层次问题提问的数量、学习者参与的人数和次数。

②对问题学习者的处理。

③对课堂上突发事件的处理。

④语言知识教学所采用的方法与技巧。

⑤教学活动设计的合理性。

⑥运用教学手段的技能。

⑦课堂教学的组织与管理。

（3）对教学过程的反思

对教学过程的反思也是反思性教学的一个重要内容。对教学过程的反思主要对下面的内容进行审视。

①教学角色是否符合教学材料、教学目标和学习者需要。

②教学活动设计是否合理。

③教学活动实施是否与预期目标一致。

④教学技术的使用是否对学习者学习语言及发展能力有利。教学目的、教学工具、教学方法、教学措施及教学过程等是否实现了理念与实践的统一。

⑤时间安排是否合理。

⑥学习者参与课堂学习活动是否积极，学习者取得了怎样的学习效果。

上述反思具有较强的科学研究性质，可以使英语教师理性地回顾自己的课堂教学行为，从中发现问题及不足之处，从而改善教学，提高教学效率。

（4）对教学效果的反思

反思性教学还要对教学效果进行反思。在教学活动结束之后，教师应对整个教学实践所取得的教学成效做出价值评判，主要应从以下两个方面展开：

①学习者角度的满足程度

就学习者角度的满足程度而言，其主要是考查教学目标是否达到了教学大纲中的要求，这些要求包括语言知识、语言技能、学习策略、情感态度和文化意识等。

②教师角色的价值感受

就教师角色的价值感受而言，其主要是考查教师在确定价值取向、实施教学活动、进行价值判断过程中自己的教学活动对学习者的影响情况、对个人经验的提升情况、对教学理论和教学理念的促进情况。

2.反思性教学的实施

由于英语这门学科的特殊性，英语教师的教育对象、教学环境、人才培养方式有着自身的独特性。这就要求反思性教学的实施也要遵循一定的过程。将反思性教学的基本过程归纳为如下四点：

（1）在行动中观察——发现问题

当教师在教学或研究中遇到困难的事情，或者麻烦和困惑时，大多会做出如下三种反应：沉溺于想入非非之中；直接逃避，对这些现象并不理会，或者选择做其他的事情以回避；下定决心真诚地面对这些问题和现象。

这三种反应实际上都属于反思性思维。因此，反思性教学是基于问题产生的，其起点就在于发现教学中的问题，如果教学效果未达到预期，或者超出预期时，往往会让教师困惑或惊奇，导致反思性思维的产生。在教学过程中，英语教师必然会遇到一些问题，如教学目标设计不能适应真实的教学环境；教学环境资源由于未体现在教学设计中，导致未被充分利用和开发；教师已经具备的职业技术教育、英语语言知识在教学中未得到有效使用，不能解决教学中的问题；英语语言知识与其他专业知识训练与讲授的比重并不平衡；教学中的理论与实践不对应。这些问题的出现必然会给英语教师造成困扰，一旦形成这种情况，也就激发英语教师对教学的反思。

（2）描述问题情境——明确问题

教学中出现的问题会引起教师的困惑，让教师的思维更加迷茫和混乱。这时，虽然教师已经有了探究问题的方向，但是需要解决的问题并没有清晰化，因此需要教师对这些问题进一步明确，只有这样才能展开相应的研究。

对问题明确的方法是对问题展开详细的描述，让自己的经验尽可能在眼前呈现，让真正的问题聚焦在一起，这实际上是通过教师自己对教学情境的认识来明确问题的过程。

（3）动用已有的知识和经验——理解问题

善于反思的教师往往在对问题明确之后，以这些问题为中心，对收集来的资料进行分析和解读，从而理解这些问题。英语教师会在固有的知识中寻找与这些问题相似的知识和信息，根据自己的固有知识及具体的实践经验，对这些问题进行分析和对比，摸清楚问题产生的原因，并总结经验，审视自己的教学策略与方法，形成新的教学方法，从而设计出更加完善的教学计划。

（4）提出理论假设，验证假设——行动研究

当教师理解了问题之后，形成了新的行动策略与理论，这时就应该付诸实践，即行动起来，建立理论假设，并对理论假设进行验证。通过教学实践的验证，如果所期望的结果出现，就会使得新理论得到验证，并不断加强。如果所期望的结果并未出现，就会造成教师的疑惑，因此教师需要进一步反思，开始新的行动研究。

就上述过程和程序来看，反思性教学是让教师成为一名真正的研究者，反思的过程就是教师展开行动研究的过程，也是教师付诸实践的过程，这对于提升教师的素质和能力，推动教师的专业化发展大有裨益。

（四）教学合作

在信息化时代下的高校英语教师专业发展中，教学合作是一种非常有效的发展途径。该途径包含以下四项内容：校企合作、师生合作、同伴观摩、校本督导。

1.校企合作

对于校企合作的分析，首先需要弄清楚"校"与"企"，"校"指的就是学校，而"企"指的就是企业或"行业界""工业界"，因此校企合作就是学校与企业的合作。在教育领域，校企合作是对教育活动、改革发展情况等规律的整合和揭示。在著名学者杜威看来，学校就是社会，而教育就是生活经历，学校是社会生活的一个重要形式。因此，从杜威的观点中可以看出校企合作模式是学校与企业为了实现各自的目的而建立的一种合作共同体。其构建的目的是为了实现产品研究、技术开发、教育培训、学生培训、社会服务等。

在高校英语教师的专业发展层面，校企合作有两个基本观念。

（1）英语教师的专业发展需要从系统的观念和全局来进行设计，从而实现整体化的改革，这不是在高校内部可以自己解决的。

（2）要想保证英语教师能够真正实现专业化发展，首先需要提供一个开放、自然的生态环境。

在具体的实践中，校企合作要求高校和企业构建符合要求的高素质的专业教

师队伍。这需要从以下两点着手：

（1）高校英语教师深入企业，进行亲身体验与实践以了解社会对学生素质的要求。在企业中，高校英语教师可以深层次感受企业文化，从而树立企业观、市场观，同时也明确自己的教学目标，提高自己的教学技能。

（2）企业的高级员工去高校讲学，使教师队伍进一步强化，解决当前高校师资力量短缺的问题，最终实现师资共建。

2.师生合作

所谓师生合作，是指目标相同、信念相同、理想相同的教师和学生共同构建的合作模式。该模式包含很多层面，如教学过程、教学内容、教学目标等。只有教师和学生都积极地参与到教学活动中，彼此之间进行互动交流，才能保证师生之间实现知识共享。这是构建师生合作模式的最终目的。

要想合理地实现师生合作，可以从如下几点着手：

（1）构建民主的师生关系

就当前的师生关系来说，他们应该是平等民主的。根据民主教育思想，高校英语教师应该将学生个体的价值突显出来。每一位学生都有自己的权利、自己的尊严、自己的情感需求，教师要对学生的这些层面予以尊重，将学生的主体性发挥出来。传统的高校英语教学强调以教师为中心，即学生要尊重教师，但是应该认识到学生尊重教师的前提是教师要尊重学生。因此，师生合作时，教师应该是民主化的教师，即具备民主的教风、民主的思想、民主的作风等，并且能够与学生平等地进行交流与合作。

（2）构建合作化的情境

根据情境认知理论，知识的学习是围绕知识运用这一情境展开的。知识的学习不仅仅是学生在学习，更重要的是教师在学习。教师的学习与其工作融合在一起，通过不断的学习，他们可以改进自己的教学质量，提升自己的教学素质和能力。学生的学习就是在固有知识的基础上构建新的知识，是基于创造、问题、合作的学习。因此，要想实现师生合作，教师和学生都应该创设真实的语言情境，也只有在这些真实的情境中，才能使教师、学生、教材形成一个对话的格局。

（3）构建师生合作的共同愿景

共同愿景是所有人员都追求、认可的美好愿望，这是所有人所追求的奋斗目标。师生合作意味着师生之间共同分享、参与、理解。在这里，教师和学生都知道他们正在做什么，知道做的事情与生活的关系等。

3.同伴观摩

顾名思义，同伴观摩是指同行业的同事之间互相进行课堂倾听的模式。在该模式下，听课的教师应该保持坦率、认真的态度，加倍关注任课教师的教学行为，而不仅仅是对任课教师进行监督和评价，从而既推动任课教师的发展，也对自己的课堂教学有一定的借鉴。

当进行同伴观摩时，任课教师与其他观摩教师就该课堂的教学环节、教学问题展开分析和商讨，而后决定采用何种观摩形式，观摩结束之后，教师之间要对观摩的结果进行总结。

一般情况下，同伴观摩模式对高校英语教学教师的发展有着重要作用。

（1）同伴观摩对被观摩者和观摩者都具有重要意义

同伴观摩需要任课教师与观摩教师的共同参与、共同合作。对于观摩者来说，他们观摩的是同伴的教学策略、教学实践、教学效果等方面，从而找出其教学的优缺点，并将好的层面运用到自己的教学实践中。对于被观摩者来说，他们可以通过观摩者给予的建议，对自己的教学活动进行总结，从而不断改进自己的教学过程，收获更好的教学效果。

（2）同伴观摩可以避免评估观摩与监督观摩带来的不利影响

一般情况下，监督观摩带有浓重的监督和评估的色彩，且他们对于任课教师的评估往往存在较大的主观性与规定性，这极大地影响着任课教师的心情和教学展示效果。相比之下，同伴观摩就不会出现这一情况，因为他们的地位身份比较接近，因此进行观摩是非常容易和合理的，从而能够促进高校英语教师的教学发展。

总之，同伴观摩为高校英语教师的专业发展提供了一个平台，推动着英语教师向着更高层次的水平发展。

4.校本督导

校本督导是由学校成员参与的自主与合作的指导过程，目的是提升学校教育实践活动。

一般情况下，校本督导主要涉及如下几个层面：

（1）英语教师的个人发展

其强调学校应该关注教师的个人满足感与职业的稳定。同时，学校也不能忽视教师的身体情况、家庭状况、感情情况等。也就是说，英语教师的个人发展涉及职业操守、兴趣爱好、家庭生活、社会活动等方面。

（2）英语教师的专业发展

这是校本督导模式最基础的内容，其强调的是教师教学技能的发展和提高。具体来说，英语教师的专业发展主要涉及教学方法、专业知识、课程与教学、实践能力、教育研究、教学目标等方面。

（3）学校的组织发展

其强调的是教师生活质量的提高、学习组织氛围的改进、学习发展目标的达成。具体来说，学校的组织发展涉及人际关系、人事制度、学校规章制度、学校管理计划、学校组织、学校财政、校园氛围等。

但需要指出的是，英语教师的个人发展、英语教师的专业发展、学校的组织发展这三大层面是紧密联系的，三者相互作用、相互重叠。教师专业发展是以英语教师个人发展与学校组织发展作为保障和支撑点的。

校本督导模式有很多种形式：常规督导形式、自我督导形式及教学督导形式。

第一，常规督导形式。这是一种必不可少的督导形式，其意义与行政监督有着相似的地方。常规督导形式往往是由学校主管部门或者院系领导定期组织听课，观察任课教师的课堂行为与教学活动，从而对任课教师提出意见，给予任课教师一定的帮助。

第二，自我督导形式。这一形式是由教师自己制订专业发展规划，然后独自实施，最后完成自己的专业发展规划，实现自己的专业发展。自我督导可以采取多种形式，如参加相关研讨会与座谈会、组织学生评价自己的教学行为、对研究报告和专业杂志进行分析、通过录像等设备来分析自己的教学活动等。

第三，教学督导形式。这一形式主要是由督导教师对任课教师进行有针对性的帮助活动，从而进一步提升任课教师的专业技能。这一督导形式是面对面的督导，通常采用的方式有诊断性督导、微格教学技术等。其中，诊断性督导形式是最常用的教学督导形式，其帮助的对象往往是新教师或者缺乏教学经验的教师，有助于帮助这些教师解决问题，促进新教师向着成熟教师的方向发展。

第二节 信息化时代高校大学生自主学习能力的优化与重塑

自主学习的思想是相对于被动教学条件下的学习而提出的，主要指的是学习者懂得主动参与教学过程，并积极阐释所学信息，懂得利用课堂知识解决现实生活中的问题。下面就对信息化时代大学生自主学习能力的优化与重塑展开分析。

一、自主学习的特征

自主学习是学习者对主导自己的学习进行主动性构建的过程，是基于教育的民主化、终身化、个性化等理念而发展起来的教育策略。随着英语教学实践的开展，加之语言学习"终身教育"理念的兴起，英语教学已经不再仅仅局限于课堂之中，其在课外也是可以进行英语学习的，这就是所谓的英语自主学习。当前，自主学习已经成为英语学习的一种有效方式。

自20世纪80年代以来，国内外众多学者都围绕自主学习进行了不断的研究和探索，都体现出自主学习的一些共性特征。

奥德曼（Aiderman）认为，学习者只有具备以下特征，才可以称得上是自主学习者。

（1）能够对学习的成败正确归因，并对学习自我负责。

（2）拥有强烈的学业自信心。

（3）相信努力就会成功。

（4）学习目标科学、有效，符合自身学习情况。

（5）关注自主学习对未来的影响。

（6）拥有符合自身学习特点和个性特点的学习策略，对学习过程自我监视、自我调节。

（7）对学习时间与学习资源能够有效管理和使用。

奥德曼认为自主学习有三方面的特点：

（1）自主学习能够有效地对元认知、动机和行为等方面进行自我调节。

（2）自主学习能够有效监控学习策略，并及时调整学习活动。

（3）自主学习能够科学、有效地使用某种特定的学习策略，或者做出合适的反应。

综合以上学者们的观点可以看出，自主学习具有"自主性"，这是学习的本质，同时还具有"能动性"，这是自主学习主体的品质。因此，可以将自主学习的基本特征概括为三方面：自立性、自为性及自律性。

（一）自立性

自立性可以说是自主学习的前提和基础，它不仅体现在学习主体的个性品质上，在自主学习过程的各个方面都能体现出来，甚至可以说，自立性是自主学习的"灵魂"。下面具体阐释自立性的四层含义。

1.学习主体具有独立性

在自主学习活动中，每位学习者都是具有相对独立性的人，都是自主学习的参与者和承担者。自主学习活动需要学习者亲身参与，是自己的事，通过"自己的"行为取得更好的学习效果，不可被任何人代替。

2.每位学习主体都有一定的独立能力

每位学习主体都是一个独立的、具有自我意识的个体，因此都具有一定的独立能力。此外，每位学习主体都具有一定的学习潜能。独立能力与学习潜能相结合，才能够实现自我调整、自我监控。这是自主学习的能力基础。

3.每位学习主体都有渴望独立的欲望

自主学习的目的便是培养学习者的独立自主性，而每位学习者内心中争取自我独立的欲望便是实现这一目的的内在根据和动力。可以说，争取自我独立的欲望是自主学习的动力基础。

4.心理认知结构具有独特性

每个学习主体的心理认知系统都是独有的、自我独立的。独特的认知方式是自主学习的思维基础，这也是自主学习的意义所在。

（二）自为性

"自为"可以理解为"自我作为"，体现在以下过程中：

1.自我探索

学习主体的自我探索过程往往是由好奇心引起的。好奇心是每个人的天性，它是人们内心中渴望探索事物、获得认知的需求，也是一种学习的动力。在学习活动中，便体现在对"文本"知识的渴求上，只有通过自我探索，才能间接地获得前人或自己对客观事物的认知，因此自我探索是一种"自为"。

2.自我选择

在经由好奇心产生了自我探索的需求后，便进入了自我选择的过程。当一种外部信息与学习主体的内在需求相一致时，其才会引起学习主体的注意，进而被纳入认知领域。因此可以说，"视而不见、听而不闻"这种现象就是因为与学习主体的内在需求不一致而产生的。

3.自我建构

学习主体对由选择性注意所提供的新信息、新知识进行建构，也就是新的认知结构建立的过程。这一过程是以学习主体头脑中原有的经验和认知结构为基础的，是通过原有知识的联合和加工，发生了新旧知识的整合和同化，实现了新知识系统的建立。因此，自我建构既是对原有知识和经验系统的保留、改造，同时又实现了重组和超越，是一种"自为"。

4.自我创造

自我创造是更高层次、更重要的"自为"。学习主体在经过自我建构后，形成了新的认知系统，此时又产生了强烈而明确的对某一新事物的内在需求，因此学习主体在遵循事物发展的客观规律下，通过对事物真理的超前认识，最终超越了这一真理，产生了创造性的思维结果。在这一创造性思维活动中，学习主体头脑中的信息库被充分地调动起来，实现了学习主体的目标价值。

通过上述分析可以看出，从自我探索，到自我选择、自我建构，再到自我创造的过程，实际上就是学习主体自我生成、实现、发展的自为学习过程。

（三）自律性

"自律"指的是学习主体在自主学习中对自我的约束和规范，表现出相当高的自觉性。学习主体在英语自主学习中通过严格要求自身的学习行为，做到规范、自觉，体现出一种充分的自我觉醒。这种觉醒促使自己主动、积极地学习，并保持学习过程一直处于一种不断进取、持之以恒的状态。此外，自律还体现在学习主体清醒的责任感上。责任感是学习主体积极探索、主动建构知识的精神动力。

二、信息化时代大学生自主学习能力优化与重塑的策略

那么，如何有效地培养大学生的英语自主学习能力呢？下面对其进行分析。

（一）自主制订学习目标

传统的教学模式并不涉及学生的参与。在英语自主学习模式中，课堂教学目标的设定需要教师和学生的共同参与，也就是教师的预设与学生的参与相结合。教师在制订课堂教学目标时，首先要对当前学生的英语学习情况和学习过程中存在的问题有宏观的认识；其次要将教学目标的定向、期望、激励和调控功能充分发挥出来。学生则在教师的指导和帮助下，以自身现有的语言认知水平为基础，自主安排英语学习的内容和进度，选择适合自己英语学习的方法，明确每节课、每个单元的学习目标。学习能力强的学生可以通过多种手段拓展自己的知识面，学习能力较弱的学生则可以按部就班地完成学习目标，追求更大的进步。

1.自主计划策略

自主计划策略主要体现在学习前的准备工作中，教师需要发挥自己的指导作用，帮助学生针对课堂教学内容做好准备。

（1）学生需要根据所学材料的标题对教学内容展开预测，并使用多媒体、网络等方式进行文化背景的了解。

（2）学生需要根据自己的学习情况，确定学习目标。学习目标的确定有助于学生了解重要的细节。

学生还需要从语言准备和非语言准备两个方面进行自主计划。上述两个方面可以同时进行。在这个过程中，可以利用图式展开。所谓图式是指学习者大脑中存储的相互关联的各种知识、观点与概念，图式知识既是学习的基础，同时又是学习的一种成果，它随着学习而不断丰富和完善。教师可以在学生准备的过程中，为学生提供一系列的关键词语，从而让学生建立一定的图式知识，并利用关键词对已有图式知识进行激活。具体来说，自主计划策略的实施包括以下几个方面的步骤：

（1）组织计划。学生需要将要学习的材料进行预习，从而了解材料的相关概念与大概内容。

（2）集中注意。学生在事先计划的过程中需要始终保持自己的注意力。

（3）选择注意。在自主计划过程中，学生需要注意教学材料中的语言特征或者有助于课文知识理解的相关细节信息。

（4）自我管理。了解课堂知识完成所需要的不同条件，并控制自己的言语行为，从而利用已知语言信息了解所要学习的内容。

2.自主监控策略

自主监控策略主要针对的是学习任务的完成过程，表现为学生对自身语言理解和语言行为的核查、确认或修正。具体来说，自主监控策略主要包括以下两个方面的内容：

（1）自我监控

自我监控策略指的是学生在完成任务的过程中检测、证实或修正自己对所学内容的理解或调整自己的语言行为，包括计划监控、输入监控、输出监控、策略监控、理解监控、视觉监控、语体监控、听力监控等。

对自身学习行为的监控能够反映出学生元认知水平的高低。学生可以通过监控策略的使用，核查自身的预测是否符合现在的学习内容，从而认识到现阶段所使用的学习策略是否有助于学习任务的完成，最终提高自己的推理能力。

（2）发现问题

在自我监控的基础上，发现问题指的是学生发现学习任务完成过程中需要解决的问题。

这是一种有效的自我监控手段，不仅能够促进学生语言运用能力的提高，同时还有助于学生问题解决能力的发展，对于学生语言策略的使用也大有裨益。

3.自主评价策略

自主评价策略发生在学习任务结束之后，指的是学生在教师的引导下对自身任务完成情况进行评判，主要包括知识掌握的完整性、准确性及任务完成中的不足等。利用自主评价策略能够巩固课堂所学知识。具体来说，自主评价策略可以利用学生个体活动、学生间合作活动、教师主导活动的方式进行。学习者的自主评价包括以下几个方面：

（1）输出评价：即任务完成后核查自己是否完成学习任务。

（2）策略评价：即评判自己在完成学习任务中策略的使用情况。

（3）能力评价：即评判自己完成学习任务的能力。

（4）语言行为评价：即评判自己在任务完成过程中的表现。

（5）语言掌握评价：即评判自己对目标语本身的掌握情况，如对概念、短语或句子的掌握。

（6）延伸活动：即学习者得到更多的机会来对所学的新概念和技能进行揣摩，将这些概念和技能融入自身原有的知识系统中，并将其运用到现实的语言情境中。同时，学习者在评价的过程中也得到更多的机会进一步对自身的较高层次的认知技能进行发展，如演绎某个概念的新用法，分析某个学习行为的组成部分等。

（二）探究自主学习方法

有句古话说："授之以鱼，只供一餐之需；授之以渔，方以终身受用。"这句话对提升大学生的英语自主学习能力带来的启示便是传授给学习者自主学习的方法。因此，英语教师要逐渐转变其在英语教学中的角色，由语言知识的传授者向语言学习的指导者转变，逐渐成为学生自主学习的顾问和交换意见的参与者，对学生的英语自主学习进行宏观调控，加强学习方法、学习能力和良好的考试心态等方面的指导。以培养学生自主学习意识，提高独立分析、判断问题的能力为目标，将学生的全面发展和服务社会作为培养人才的最终归宿。

从这些方面的意义上来说，提升大学生的英语自主学习能力早已不仅仅是为了通过某个测试或是取得某项证书，而是为了学生素质的全面提高，为社会建设和发展培养最优质的人才。学习者掌握了自主学习的方法，在以后的学习和生活中面对各种压力和挑战时，才能从容不迫，自信应对。

（三）利用网络技术

1.发挥学生的主体作用

一方面，学生可根据自身的语言学习情况，有针对性地选择想要学习的内容，自主安排最合适的学习时间，在合理的学习进度下，通过网络技术的指导，进行语言的练习，并根据自身对知识和技能的理解、掌握，随时调整学习过程。在学习较复杂的内容时，可以适当放慢学习速度，增加练习的数量；当发现学习内容很容易理解时，经过某种形式的检验、测试合格后，可以适当加快学习的进度或减少练习的数量。另一方面，网络平台事实上就是一个含有各种各样的语言学习资料的信息源，学习者可以进行个性化的学习，也可以通过试题库中的测验检验这一段时间以来的学习成果，还可以利用电子邮件的形式向教师请教学习过程中遇到的疑惑。这样一来，自主学习便成了"因材施教"的一种特殊形式。

2.提供丰富的物质条件

互联网平台为学习者的英语学习提供了丰富的物质条件，主要体现在以下两个方面：

（1）多样化的练习机会

学习者可以通过计算机网络技术经常性地重复得到练习的机会，在多次操作和练习中逐渐摸索出自身学习方法成功或失败的原因，总结、反思英语自主学习过程，逐步提高学习效果。多种多样的具有娱乐性的语言活动在增加学习乐趣、提高学生学习英语积极性的同时，还提高了其计算机应用的能力，如编写短讯、制作网页、进行多媒体展示等。

（2）丰富的语言学习材料

计算机网络平台上含有大量的数据，包括各种主题和形式的英语文章、音频和视频等，这些具有交互性的文本和视听材料为学习者反思自身的错误，学习语言规则，进行语言知识练习提供了大量的帮助。此外，还有一些学习软件具有保存学习记录的功能，这为学习者寻找适合自己的自主学习方法、学习策略和学习方式创造了有利的条件，使英语学习过程更加人性化。

（四）重视自主实践活动

为了提升英语自主学习能力，对学习者进行训练的第二个方面便是重视自主实践活动的重要意义。实践出真知，实践也是检验真理的唯一标准。学习者的自主发展都是在一系列的自主实践活动中实现的。

例如，学习者在自主设计、自主尝试中探究英语学习，发现问题，并积极寻找解决问题的办法。在自主领悟、自主质疑中对头脑中已有的认知结构进行调整，更新思想，获得进步。在自主监控评价、自主反思总结中根据自身的英语学习实际，调整学习方法，转变学习策略，以取得更好的学习效果，实现既定目标。教师可以通过开展一些有针对性的课题研究，让学生主动参与到自主实践活动中。

1.设计开放性作业

教师在教学内容结束后可以布置开放性作业。学生可以自由发挥，充分发挥自主性，自己选择主题，并决定作业的内容和完成的形式。例如，撰写与教学内容相关的小论文，或与现实社会中的热点相结合，写时事评述，也可以对本节课的教学内容发表自己的看法等。在这种不拘一格的活动中，学生既能获得深刻的体验，又能积累、提炼和升华认识，从而养成了自主学习习惯。

2.开展户外活动

课外实践活动在提升学习者英语自主学习能力方面发挥着重要作用。与课堂教学相比，学生在课外实践活动中表现出来的自主性和能动性更加充分。

课外实践活动的题材可以选择与教材中的某一课题或某一情景有关，也可以选择与学生的社会生活密切相关的现实问题。学生作为实践的主体在充满体验性和探究性的活动中，充分发挥自主能力与合作能力，小组成员共同商议主题，进行实地调查、取材、走访，发现问题，分析问题，并撰写调查报告，总结实践成果，提出合理化的、具有建设性的解决方法。

第八章
高校英语教学的未来发展

第一节 个性化教学

个性化教学是指教师以个性化的教学手段，满足学生个性化的学习，并促进个体人格健康发展的教学活动。

个性化教学通过对教学对象的相关差异进行综合调查、测试分析、诊断，依据学生的学习基础、学习能力、学习心理等方面的差异，使教学内容、教学形式差异化，对不同的学生采用不同的教学方法，以促进学生的充分发展，为将来学生适应社会经济和高等教育的发展打下基础。对大学英语个性化教学的研究常常是结合某个教学工具、某个教学条件来进行的，对于大学英语个性化教学模式如何建构这样一个常态问题，还缺乏广泛研究。建构大学英语个性化教学模式，应该解决以下问题：①学生个体差异数不胜数，哪些个体差异对英语个性教学模式最有价值？②区分了学生的个体差异后，面对各差异群体，如何充分利用学校的各种条件，来有效地实施个性化教学？本研究对上述问题进行了初步探索。

一、个性化教学的理论基础

（一）建构主义理论

个性化教学的理论根据之一是建构主义：人类是在已知和未知之间寻求平衡的过程中对外界进行认识的。要实现这种平衡，必须通过同化和顺应，人类的认识是在"平衡—不平衡—平衡"的连续循环中得到不断提高、丰富和发展，从认知结构的性质与发展条件，人类社会环境对心理发展的影响以及个体的主动性在建构认知结构过程中的重要作用等方面进行大量研究，最终形成了比较完整的建构主义理论，从此建构主义才能够具体地应用于教育教学。建构主义认为，学习是学习者的一个建构过程，在这个过程中，新知识学习与学习者原有知识经验进行双向作用，并不是一个单纯地从外到内的单向信息导入。具体而言，学习者是在原有知识或经验的基础之上构建知识，并加强对新信息和新知识的掌握，既然学习者的学习依赖其原有的知识或经验，那么，这就要求在英语教学中进行个性化教学，因为个性化教学才能针对各个学生的不同知识经验，才有利于学生在学习过程中主动、积极地去学习。

（二）多元智能理论

多元智能理论由美国心理学家马丁·加德纳（Martin Gardner）教授提出。该理论认为，智能并不是指传统意义上的语言和数学能力，人类的智能类型有语言、逻辑、空间、运动音乐、人际交往内省和自然探索等。不同的人拥有这些智能的程度不同，发挥智能的能力有异。人的智能发展好坏，关键在于其所受的教育和训练。多元智能理论论证了教育个别化的必要和可能；教师要促使学生发挥各自的智能优势，增强其语言学习的成功感；调动其合作学习和自主学习的兴趣。

二、个性化大学英语教学模式的建构

个性化大学英语教学的有效实施，需要学生、教师、学校甚至社会的全力合作才能完成。单靠某一方面的力量，很难使个性化教学取得成效。具体而言，就是要动员这些方面的力量组成个性化教学指导部，下设个性化教学校内教师协作组、个性化教学校外专家组等。

（一）建立个性化教学指导组织

个性化英语学习指导组织的建立，首先能从制度上规范英语个性化教学的实施，从而保证个性化教学的持续开展。大学英语个性化教学指导组织的职能如下：就个性化学习的计划方针及学生个性化学习开展中的问题、应对策略等问题，指导个性化英语学习的可持续开展。此外，个性化教学指导组织还负责了解联络和组织校内、校外教师和专家，成立个性化教学组，并根据不同的差异性学生群体，分配不同专长的教师和专家进行针对性的指导。

（二）建立个性化教学校内教师协作团体

建立校内教师协作团体，可以从多角度、多层面评价和指导学生。大学英语个性化学习的状况，为学生个性化大学英语学习提供有价值的信息和资料。由于教学分工不同，新老教师的教育教学素质的差异，开展大学英语个性化教学必然要求教师组成个性化学习指导协作团体，教师之间取长补短，相互配合。另外，个性化教学所需的学习资源也必须通过教师合作去完成。可以说，教师协作是发挥英语个性化教学指导作用的重要保证。

（三）建立个性化教学校外教师协作团体

建立校外协作团体的目的在于使学校与社会相沟通，有效利用社会中的各种专门英语人才为学校的英语个性化教学服务。可以以学校和大学英语教研室的名义，与多个校外或兄弟院校的英语教研机构、英语教育教学专家建立联系。因为在个性化大学英语学习过程中，个体的学习活动表现出多面性和复杂性，要求指导者有比较高的专门知识和专门技能。但是，校内英语教师对某些学习领域的技能和知识达不到这样的要求，需要借助社会专门人才的力量。因此，必须建立学校与社会互动的校外协作体制。大学英语课程设计中，应该积极寻找个性化教学和集体教学的有机结合点，一方面使个性化教学表现为有组织，即保证个性化教学的时间；另一方面在集体教学的过程中，加强对重点学习内容、学习方法进行个别化指导，如让学生能够支配更多的学习时间，促使学生个体学习感兴趣的内容，保证学生的学习既有宽松的环境，又有丰富的素材。课外教学包括自学活动、答疑辅导，各类英语竞赛，它是课堂教学活动的补充和延伸，也是整个教学环节的重要组成部分。

三、个性化英语教学的新方法

（一）语法翻译法

语法翻译法起源于16世纪的拉丁语教学法。在交际法引进之前，一直在我国英语教学中占主导地位。其主要特点为：侧重阅读能力的培养；重视语法教学；充分利用和依靠母语，反复进行母语和英语互译。

（二）听说法

听说法，又称句型教学法。听说法认为在教学中应该：听说领先；反复操练，形成习惯；教学以句型为中心；尽量避免母语；重视培养学生的英语思维习惯；尽量避免和消除学生的错误。

（三）情境法

情境法是教师根据课程内容，利用实物、图片、电教设备、动作表演及学生的真实心理，要求学生根据实际情景进行交际学习，面对复杂多变的因素作出独立的判断和灵活的应对。它的核心在于激发学生的情感，方法是：在教学过程中，教师有目的地引入或创设以形象为主体的、从而引起学生注意的态度体验，进而帮助学生理解教材，使学生的心理机能得到发展的教学方法。它的基本步骤是：提出情境，学习语言；书面练习，巩固结构。在情境法的课堂上，英语是教学语言，教师应用英语组织教学、解释语言项目和布置课下作业。但在解释语言词汇或结构时，如碰到一些难以解释的项目，教师也可使用母语讲解，但教师不鼓励学生使用母语。

（四）交际法

交际法产生于20世纪70年代初期，交际法主张英语教学内容的安排需针对英语学习者对英语的特定需要，认为语言的社会交际功能是语言的主要功能，强调语言的功能意念和交际活动，交际法是培养学生英语的交际能力的。"交际能力"是美国社会语言学家海姆斯首先提出来的，他认为，一个学习语言的人不但应该有识别句子是否合乎语法规则的能力和造出合乎语法规则的句子的能力，他还必须懂得怎样恰当地使用语言，即懂得针对不同对象在不同的场合、不同的时间使用不同的语言。

交际法的教学方式要求以学生为中心，强调师生、生生间的互动。学生主要是以交际者的身份参加学习，但教师的作用也不能忽视。教师是组织者，安排全班的教学活动；同时教师也是交际者，不时会与学生用英语进行交流。可见，交际法的核心就是丰富教学内容，组织课堂活动，让学生通过交际学习英语。

（五）任务型教学法

任务型教学法是20世纪80年代以来西方英语教育的发展成果。它以具体的任务为学习动力和动机，以完成任务的过程为学习过程，以展示任务成果的方式来体现教学成就。任务型教学法也就是以任务为核心组织教学，在任务的履行过程中围绕特定的交际和语言项目，设计出具体的、具有可操作性的任务，学生通过表达、沟通、交涉、解释、询问等各种语言活动形式来完成任务，以达到学习和掌握语言的目的。

因此，无论从教学目标，还是从教学模式来看，任务型教学法综合了传统教学法和交际法的优势，有其独特的吸引力。在任务型教学活动中，在教师的启发下，每个学生都有独立思考、积极参与的机会，易于保持学习的积极性，养成良好的学习习惯，帮助学生获得终身学习的能力。任务型教学的基本步骤是导入、前任务、任务环节、后任务、作业。

（六）互动型教学法

互动型教学法，也称交互型教学法，在教学过程中，通过教师和学生之间积极主动的双向交流来完成教学计划，实现教学目的。互动型教学法尽可能地给学生提供操练的机会，注重提高学生的学习兴趣，更重要的是让学生消除消极被动的心理，参与教学，进而加强学习的主动性和能动性，提高学习的效率。

互动型教学法强调，在语言教学中，一方面以语言习得和教学理论为指导；另一方面，教师要根据自身的特点、学习者的个体差异，要坚持以学生为中心，以教师为主导，最大限度地满足学生对知识的需求，给学生创造出一种轻松、自由、愉快的课堂气氛。教师还要激发学生的求知欲和学习兴趣，拓展个性的空间，有利于学生语言能力的提高。在互动教学中，教师要注意课堂话语，这不仅是教师执行教学计划的工具，还是学生语言输入的一个重要来源。同时教师在课堂上要有得体的提问，这种方式能够突出重点，提高教学效率，并且提高学生学习的主动性和积极性。学生间小组互动也是开展互动型教学法的常用形式，它可以使学习者个体在课堂上有更多的实践和机会练习使用目的语。

（七）合作型教学法

合作学习是指学生在小组学习中从事学习活动，合作学习的代表人物以小组的总体成绩为奖励。合作型教学法强调通过小组内学习者之间的合作完成任务，它提供学习者一个共同学习的环境，鼓励学习者相互帮助，提高学习者个人的学习效果，并达到团体的学习目标。

合作学习教学模式可以解决大班教学中的各种问题，但是如果教师操作会出现教师一头热、学生不响应的尴尬局面，所以教师要特别注意以下几个环节的操作：

1.合理分组

合理分组是小组合作学习的首要环节。教师应充分发挥其引导作用，促进小组成员间互相帮助、相互支持、相互鼓励。

2.灵活组织课堂活动

教师在安排教学活动时，要使每个成员都意识到他们的状态会引起其他组员状态的变化，他们要以合作的方式才能完成任务。合作教学中的主要活动包括角色扮演、话题讨论、小组竞赛、切块拼接等。切块拼接常使用于课文学习，教师将课文分割成不同片段作为学习资料，各小组承担不同片段的学习讨论，然后各小组轮流交流学习的收获，激发小组成员间的学习动机和兴趣。

3.科学评价

为确保合作学习教学模式的顺利进行并取得预期目的，对小组合作学习效果进行科学的评价也是不可缺少的。由于学生分组进行合作共同完成活动，每个学生不仅要学到所教授的知识，而且还有责任帮助其他同学学习。在活动过程中，全组同学有分工、交流、合作，每个人的贡献都对小组的最后成果起作用。通过小组合作学习，学生达到学会求知、学会做事、学会合作、学会做人的目的。

（八）自主学习型教学法

当代英语教学越来越重视学习者的主体地位，英语自主学习已经成为英语教学与研究的热点。国外自20世纪80年代初，关于语言自主学习的研究成果层出不穷。自主学习能力是大学英语的教学目标之一，教学模式改革成功的一个重要标志是：学生个性化学习方法的形成和学生自主学习能力的发展。但是目前中国学生由于受传统教育的影响，自主学习能力仍然很差，具体表现在以下几个方面：

（1）除了教师布置的学习任务，学生几乎没有自己的英语学习计划，也不能很好地规划自己的英语学习时间。

（2）学生对学习策略了解得不多。在学习过程中，只是遵循多年来形成的学习习惯。有时学生也能意识到自己的学习方法不当，但却不能及时地换用其他合适的学习方法。

（3）很少有学生与他人合作学习。我们不能把自主学习理解成个人的独立学习。合作学习也是自主学习不可缺少的一部分。

（4）学生不能在课外主动寻找各种机会学习英语、运用英语。根据现代大学生的现状，大多数院校采用大学英语"自学+辅导"与课堂教学相结合的教学模式，使课下自主学习、合作学习与课堂教学优势互补。

在大学公共英语教学过程中，应当改变中国学生大多习惯单独学习，不善与他人合作的现状，多多应用交际法，特别是任务型教学法，真正形成以学生为中心的课堂，在完成任务和评估的过程中，教师应同时强调语言知识和语言运用，根据学生的不同专业做出不同的任务目标和专项演练，充分调动学生的兴趣和积极性，使其在主动建构的过程中，形成语言习惯，提升语言能力。随着信息时代的到来，教育方式必须由传统的应试教育转向素质教育，学习方式由接受性变为主动性学习，这是培养创新人才的必然选择。

第二节　ESP教学

一、ESP教学的产生及特点

（一）ESP教学产生的背景

ESP产生于第二次世界大战后：当时世界经济与科学技术迅猛发展，许多国家正竭力摆脱战争所带来的困境，重振经济，发展科技，加强交流，促使一大批人自觉地要求学习英语，这是因为英语已被认为是科技和商贸领域里的国际语言。人们若想跟上形势的发展、把握致富时机，必须学习英语。因此，人们学习英语的目的十分明确。

此外，语言学领域的革命及教育心理学的发展是ESP产生的另外两个主要原因。传统的语言学致力于描述英语语言的使用规则，社会语言学的研究则让人们转向注重在实际交际当中英语语言的具体运用。人们在不同的场合下说话或写文章都有不同的目的及不同的表达方式，因此主张英语教学也应侧重这种差异，以便取得最佳教学效果。学习态度和学习动机对学习效果有着重要影响，因而教学的重心应由传统的"教师中心"转向"学生中心"，并最终转向"学习中心"。这些领域的研究成果都为ESP的形成和发展奠定了理论基础。

（二）ESP教学的特点

人们说到ESP总是简单地把它等同于旅游英语、科技英语、商务英语或等同于教授英语的特殊语体，这种理解不甚全面。ESP不应该被视为一种特殊类型的语言或教学法，它也不只包括某一种特定的教材。事实上它是一种探讨各种基于学习者需求的语言教学和语言学习方法。基础英语阶段则强调学习者接受普通语言的课程学习，是具有文化和文学倾向的语言课，语言本身是主题和课程目的。ESP教学主要是指学生通过学习英语以获取自己所从事专业或不同体裁的知识或技能。它注重学习者的目的。根据学习者的目的，便产生了不同目的的英语教学和学习。

通过了解对ESP的界定和分类，ESP教学的特点为：ESP教学目标明确。ESP教学提出，学英语不是目的，不是为语言目的而学习语言，教学中应注重学习者的使用目的。通过英语学习，使学生在学习专业知识中有更好的帮助作用，促使其在工作中有出色的表现。ESP教学建立在学习者的需要分析之上。学生在学习和工作中要进行何种交际活动？这些交际活动需要他们有什么样的知识和能力？学生在学习英语过程中有什么需要？ESP教学注重语用能力的培养。学生掌握英语主要是在自己的专业范围内熟练使用，以达到用英语进行交际的需要。即学生学习知识和语言使用不能分开。分开了，知识就不能转化成能力，融学习于使用之中。

二、ESP教学的应对策略

要解决目前ESP教学面临的难题，可以有针对性地做好以下几个方面的工作：

（一）明确ESP的课程定位

EGP的教学重点是讲解英语语言的一般规律和普遍现象，训练学生英语听、说、读、写、译的基本语言技能。ESP有独特的词汇、句法和结构模式，其教学包括英语语言技能的训练，是语言技能训练和专业知识学习的结合，开设ESP课程的宗旨主要是：加强基础，拓宽专业，提高能力，学以致用。可以说，ESP属于EGP的运用提高阶段，是EGP的延伸。

（二）加快ESP教材的开发编写

目前各高校的ESP教材使用大都各自为政，虽然经过多年的摸索和实践，可能在引进、改编或自编ESP教材方面积累了一定的资料素材或经验教训，但是不利于国内ESP教学整体水平的提高。教育主管部门应以ESP教学开展良好、现有ESP教材反响不错的院校为主，尽快组织有关专家和教学经验丰富的一线ESP教师编写一套符合中国国情的ESP教材。鉴于我国幅员辽阔，各地区经济发展不平衡，各高校之间在师资力量、学生水平及多媒体技术设备等许多方面存在较大差异，应结合自身的专长、特色及社会需求，对现有教材作适当的改编，以满足学生ESP学习的个性化需求。

（三）强化ESP师资培训

高校ESP教学面临诸多问题，但最严重、最迫切也最棘手的问题就是师资问题。在ESP教学中，不论是教材的编写、课堂教学的组织，还是教学方法的实施及教学效果的评估，都离不开教师。可以说，教师是ESP教学成败的关键性因素。师资培训的具体方法主要有三种：①送出去——各高校可根据自身实际分批选派一些年轻、英语基础好、有一定专业知识的教师去国内或国外的ESP教学师资培训基地进修学习；②请进来——定期邀请国内外ESP专家学者来学校作专题讲座；③参加校际间的ESP公开课、交流会等活动，为他们提供学习锻炼、开阔眼界的机会，并通过经验丰富的教师传、帮、带的培养模式来促进年轻ESP教师的快速成长。

（四）建立ESP网上资源库

随着计算机技术的发展，特别是多媒体技术、网络信息技术的飞速发展，使得教学理念发生了根本性的变化。如果由国家高等教育主管部门出面，筹建一个专门的ESP网络资源平台，汇聚全国高校的各种ESP资源，供全国ESP教师相互交流学习，资料共享，互通有无，必将大大节约各高校在ESP教学研究方面的人力、物力和财力投入，快速缩小各高校间的ESP教学差距，并极大地提升国内ESP教学的整体水平。

三、ESP教学的意见

大学生的英语综合应用能力包括语言知识、应用技能、学习策略和跨文化交际能力等方面。只有把这些知识和技能有机地结合起来，并恰当地运用于专业信息交流的实践中去，才能够达到高效率地进行专业交际的目的。目前，我国大学的基础英语教学和专业课双语教学都难以满足学生专业交际所必须掌握的综合技能，这一任务将历史地落在ESP教师的身上。ETC把教学定位在适应各学科专业交际的一般规则和通用技巧上，既避免了同基础英语教学知识的重复现象，又明确了ESP同专业课双语教学的关系。ETC把教学的切入点放在学生所缺乏的交际修辞、文化素养和应用技能上，增强了学生的学习动机。ETC以交际技能教学为主，避免了涉及高深的学科专业知识，从而解决了长期困扰ESP教学的英语教师不懂专业的问题，加强了教学的可操作性。随着经济与科技的发展，人们生活的科技含量越来越高，一个大众型的专业信息交流的形势已经在全世界形成。我国迫切需要大批能够满足大众需求的专业交际人员，特别是以大众为中心、以用户为导向的专业文件写作人员，以提高我国各行各业的英语服务质量，提高我国出口产品的国际竞争力。因此，进行大学ESP的教学改革，把ETC的教学思想和教学内容引入ESP教学，以提高大学生的英语综合应用能力，可谓是我国大学ESP教学的一个发展方向。

第三节　互联网教学

一、英语网络教学的理论依据

（一）心理学

心理学是研究人类认识世界，获取知识、技能和发展智能的心理规律及其心理机制的一般性原理。心理学在语言研究中的应用主要体现在输入信息处理及语言认知能力两个方面，并逐渐发展成为心理语言学与教学心理学。这两种学科主要研究的是学生习得英语知识及掌握语言技能的心理过程、发展规律。心理语言学主要有行为主义和认知心理学两个研究方向。其中行为主义学派认为，语言在本质上是刺激与反应的结合，可以通过观察及测量得出反应的规律，也可以通过外界的强化、训练、模仿或塑造逐渐形成。

（二）教育教学理论

网络教学属于教育学的一个分支，因而教育学的教学理论同样适用于网络教学。教育学研究的对象是教育中存在的普遍教育现象及教育问题，属于一般意义上的教学原理。网络教学以教育学的基础理论为指导，研究英语教学的教学目标、教学方法、教学模式、教学评估及与英语教学相关的学科理论。

（三）方法论

方法论指的是人们认识世界、改变世界的一般方法，即人们在观察事物和处理问题的过程中总结出来的一般规律。方法论是对于具体科学方法的概括和总结。科学方法指的是人们获取可靠信息、正确地解释现象、理解文本的方法。

英语教学是教学信息由教育者向被教育者传递的过程，然而信息传递的效果往往受到信息容量及其传递方式的制约。网络教学中大量的网络资源及网络媒介为教学信息的快速传递提供了客观条件。同时，网络媒体辅助英语教学能对教学过程实施有效控制，及时获取反馈信息，调整教学策略，修正教学进度，优化教学过程，获得理想的教学效果。

（四）绩效理论

绩效是指人们在工作中完成任务的数量、质量及效益成果等，是与内在心理过程相对的外部行为表现。在教育界，绩效这个概念也越来越引起教学工作者及科研人员的关注，他们发现将绩效理论应用到教育教学中有助于提高教学工作的效率，尤其是以信息技术为依托的网络教学。

绩效技术是指对科学理论与方法的运用与实施过程。那么要达到预期的教育目标，往往可以采用多种教育手段和途径，因此，在制定教学模式时，要充分考虑学生所投入的时间、精力与其获得的学习成果是否成正比，同时还要考虑教学投入与产出的经济价值比问题，有关资本投入的多少、教学模式的选择及媒体手段的采用，一般取决于组织者的需求分析、发展目标、财力状况等因素。

所以，在英语网络教学中应用绩效技术来设计教育、教学方案时，要体现适应性、经济性、可行性等基本原则。

（五）传播学

传播学是研究人类一切传播行为和传播过程发生、发展的规律以及传播与人和社会的关系，社会信息系统及其运行规律的科学。传播学是20世纪30年代以来跨学科研究的产物，与其他社会科学学科有密切的联系，处在多种学科的边缘。传播学与教育学相结合产生了教育传播学。教育传播学是指教育者按照一定的教学目标，选择相应的教学内容，通过有效的媒体把知识、技能、思想、观念传达给受教育者的一种活动。传播理论在网络教学中的运用有助于英语教学信息更加有效的传播，对于优化英语教学效果提供了理论上的支持。

（六）哲学

哲学是自然知识、社会知识、思维知识的概括总结。因此，可以说哲学是一切自然科学、社会科学及思维科学的理论基础。英语网络教学同样需要应用辩证唯物主义的认识论和方法论，这些理论的应用有助于构建更加有效的网络教学体系。

（七）美学

美学是从人们对现实的审美关系出发，以艺术作为主要对象，研究美、丑、崇高等审美范畴和人的审美意识、美感经验，以及美的创造、发展及其规律的科学。美学在网络教学中得到了充分的体现。从网络资源方面来说，不同于传统教学单一的文本教材，网络学习资料往往包含生动形象的图画、形象优美的语言表达、五彩鲜艳的颜色搭配、悦耳动听的音乐旋律等，这些都是艺术美在网络教学中的具体体现；从教学手法来说，网络技术把原本抽象单调的教学内容形象化、艺术化，并通过多媒体课件等方式展示出来。可以说网络教学从内容到形式都强调通过科学美、教学美和艺术美来传递教学信息，但英语教学中的美应突出一个"真"字，即真实而准确地表达教学内容的科学性，揭示语言本质的客观规律。

二、大学英语网络教学的必然性

大学英语教学在我国大学生基础学习阶段所占的地位举足轻重，但是大学英语教学却远远不能适应我国经济的发展趋势和进程，其中最为突出的问题是：大学英语授课以教师为中心，以通过考试为目的，学生缺乏练习和使用英语的机会，学生的英语综合应用能力（尤其是听、说和写作能力）普遍较低。大学英语的课堂教育就形成了教师在讲台上练口语、学生在下面记笔记的尴尬局面。教师与学生之间，学生与学生之间根本没有交流，导致学生学习英语的兴趣越来越低。所以我们要探索出一种适应新形势的大学英语教学模式。

网络教学作为传统教学模式的有效补充手段，学生可以在学习过程中利用巨大的网络资源库跨越时间和空间界限寻找自己需要的信息，自主学习，并能够借助网络媒体进行师生及学生间的讨论，以加深对知识的理解。同时教师也可以通过网络发布信息、布置任务、参与讨论、解答提问、接收作业和反馈信息等，给予学生相应的指导。

三、网络环境下进行大学英语教学的优势

（一）网络教学提高了学生自主学习和合作学习的能力

早在20世纪80年代，自主学习和合作学习的理论与实践就已在西方国家得到了广泛的应用。学生不是被动的、消极的知识接受者，而是主动的、积极的探究者。自主教学是在尊重学习者的个人需求和个人情感的基础上，培养学习者独立分析解决问题的能力，从而实现真正意义上的以"学生为中心"的教学目标。然而，任何学习都不可能是完全独立的，而是通过和他人互动来完成的。因此，在培养学生自主学习的同时，不可忽视合作学习的作用。

在传统教学模式下，学生对课堂教学和教师过分依赖，课堂以教师讲授为主，学生只是被动地接受知识。在新的教学模式下学生是教学过程中的主体，在涉及教学内容和组织教学过程中，一切从学生的实际情况和需求出发。以"学生为中心"，逐渐摆脱依赖教师的习惯，树立自主学习的理念，教师只是起到主导作用。学生从被动的学习变成主动的学习；从依靠教师转变为自主学习；从看笔记、做练习、听录音转变为主动查阅资料、提出问题、互动交流、合作学习。充分认识自己在教学中的主体地位，积极与教师沟通、相互反馈，使教学充满生机和活力，借助网络环境的优势，在主动、开放、自由的状态下探究、学习，努力发展自己的个性和潜能，积极培养自主学习和合作学习能力。

传统的英语教学是以教师为中心的教学模式，即教师讲解较多，学生参与较少。学生的主要任务是被动地接受教师在课堂上传授语言知识。这样一来，课堂的大部分时间都是教师在训练自己的语言技能，而不是学生锻炼语言能力，这种教学模式在很大程度上削弱了学生学习的主动性和积极性。网络教学中网络平台的使用合理地解决了这一问题。建构主义理论认为，语言习得是在一定的语言环境中，通过与外界的交流，借助足够的语言输入，主动地通过意义建构的方式获得的。在网络教学中，学生可以借助电脑进行自主式的学习，并且不受时间和空间的限制，可以随时随地选择自己想要学习的内容，自己安排学习进度，并通过人机交流的方式进行语言练习。这样教师和教材不再是学生知识来源的唯一途

径。网络帮助学生实现自主学习，并在自己建构的知识体系中提高自身的语言综合水平。

以教师为中心的教学模式和以学生为中心的教学模式都是不科学的，因此，只让学生进行网络学习而不借助课堂教学的教学方法也是不行的，网络学习需要课堂教学的监督和指导，才能有效地发挥优势，从而提高学生的学习效率和学习效果。

综上所述，网络教学有着强大的生命力，原因不仅在于其上述的优越性，更在于其认知心理学与社会语言学的基础。网络教学的目的是使学生理解语言的意义，培养学生的分析能力、判断能力，提高他们的语言运用能力。计算机技术与认知心理学、社会语言学的结合赋予了网络教学以强大的生命力，推动着英语教学的不断发展。

（二）网络教学提供了丰富的交互空间

不少应用语言学家认为，语言输入不能保证语言的习得，交互活动，包括意义协商和语言输出是语言习得的关键。在传统教学中，教学内容、教学方法、教学步骤大多是教师事先安排好的，学生很难有机会向教师表达自己对问题的看法；学生与学生之间也很少交流。在网络教学中，教师和学生、学生和媒体及学生和学生之间可以实现互动。教师可以通过网络进行网上辅导、网上答疑、网上作业批改等教学活动；学生可以通过网络向教师和其他学生提出问题，也可以从网络和教师那里获得所需要的信息，还可从其他学生的观点中获取知识，从而达到建构自己知识体系的目的。

（三）网络教学拓展了个性化的学习领域

传统的英语课堂教学不重视学生个体的差异；忽视了不同的学生在学习方法、学习风格、学习兴趣、学习基础等方面的不同；教学内容、教学进度、教学方法、教学手段、教学目标单调一致；不能实施多层次的教学目标；不能因材施教。这样难于激发学生的学习兴趣，不利于学生自主学习能力的形成和提高。网络英语教学克服了这一弊端。网络环境下的英语教学突出个性化学习。网络环境的多样性为个性化英语教学提供了广泛的发展空间，教学双方可根据自己的需要进行教和学，从而使个性化英语教学成为可能。教师可以因人而异地安排教学内容、教学方法甚至是考试，学生可以根据自己的兴趣和需要选择学习内容。

（四）网络教学搭建了丰富的开放性平台

与传统课堂教学不同，教学活动不再仅仅限制在固定的教室、固定的时间，取而代之的是网络连接的所有范围和地点。学习者对于自己的学习具有相当大的选择权与灵活性，而且学习过程、学习方法和学习时间可由学习者根据自己的具体情况自主决定。在网络环境下，学生可以从广泛的信息资源中选择他们所需要的学习材料，按照他们各自的实际情况来设计和安排学习，使自己成为学习的主体。学生处于教学的中心，学习有了很大的自由度。这有利于启发学生主动性学习，激发学生的思维和创造力，体现素质教育的新理念。

（五）网络教学有利于增强教师的业务素质

网络交互教学方法要求教师不但要有一定的计算机网络知识，更要有丰富的本专业知识和教育学理论知识，才能游刃有余地熟练驾驭课堂教学。交互式教学方法的灵活性大，教学过程中有宽松的环境，课堂操作难度大，因此更有利于教师教学艺术性的展现和创造性的发挥。

（六）网络教学明确了科学的评价标准，促进教学评估手段的改革

目前，全国很多高校仍将单一的标准化英语水平考试作为衡量教学质量和水平的唯一标准，这种做法并不符合语言教学的规律。在新的教学理念的指导下，教师可以设计、开发多种科学的测试方法，对学生掌握知识的情况进行跟踪记录与分析，对教学效果做出科学合理的评价。教师可以根据学生提交的答案和反馈信息分析教学效果，及时调整教学进度、教学内容、教学计划等。所以多媒体及网络技术为英语教学提供了快速、准确地反馈信息的途径，为教师与学生提供了交流的平台，为教与学提供了科学的评价标准。

（七）网络教学有利于培养学生的听说能力

网络教学具有开放性和灵活性的特点，学生不需要太多的语言学习材料，只

要有一台电脑，便可以随时随地地利用教学资源进行学习，给学生带来了传统教学无法提供的视听享受，丰富的语言学习材料、生动有趣的动感信息增添了学习的趣味性。

网络教学的使用提高了英语教学的广度和深度，传统教学模式较为单一，教师与学生之间的互动交流很少。使用网络教学能够实现交互式的教学环境。目前，由于我国缺乏良好的语言教学环境，学生仅能通过课堂来获取知识，这就使得学生的学习受到两方面的制约：一是课堂时间有限，教师为了完成规定的教学任务，没有过多的时间用来交流或是练习；二是语言输入有限，学生在课堂上获取的语言输入主要来自课本和教师的传授，那么课本的质量及教师的语言水平在很大程度上制约了学生语言交流能力的发展。语言的学习主要通过交际，课堂上的交际活动也往往受到很多因素的制约。网络教学所提供的视听资源及网络交流平台更有利于学生听说能力的培养。

（八）网络教学提供了大量真实生动的语言

英语教学界认为，学生必须学习真实、地道的英语，然而这对中国学生而言十分困难。听说法时期提倡学习根据语言结构编写的教材或改写过的简易读物。互联网的优势就在于：它不仅能够提供大量英语文学作品的原文，还包括大量的英语日常用语，其语言之生动、真实与数量之大是任何教材都无法比拟的。

四、网络教学环境下高校英语教师的角色特征分析

在网络教学中既要充分体现学生的学习主体作用，又不能忽视教师的主导作用。使用网络进行教学并不意味着网络能完全代替教师。在网络教学中，教师的主导作用应渗透到各个环节。教师要按照教学大纲的要求并结合学生的实际情况制定出听、说、读、写、译各种类型的学习任务；引导学生确定适当的学习目标，选择达到目标的最佳途径；设计切实可行的长、短期学习计划；指导学生形成良好的学习习惯，激发学生的学习激情；调动学生的学习积极性；培养学生自主学习的能力；将学生的学习行为延伸到课堂外；对学生的课外自主学习行为进行有效的监控等。

五、多媒体网络教学存在的问题及建议

网络教学能为学生提供更大的学习空间,具有一定的优势。然而,在具体的实施过程中,也存在着种种"瓶颈",影响和制约了这种新途径的应用进程。

在网络英语教学中,学生的自主性增强,但学生与教师的情感交流减少。事实上传统的面对面课堂教学有很多的重要因素是网络教学实现不了的,比如师生间的一个眼神,教师本人的人格魅力、渊博的知识和表达的感染力都会对学生产生影响。因此,在教学过程中,教师不能过多地依赖多媒体网络技术,同时也要十分重视与学生的沟通交流。

由于习惯了传统灌输式地接受知识,很多学生不知道在网络环境中如何开展自主学习,在学习习惯和自我控制方面还不能适应网络学习发展的要求。在没有压力的情况下完全进行多媒体网络教学会导致部分学生放任自流,影响学习效果。因此,要在大学英语网络教学中,加强对学生的管理和引导,做好形成性评估,帮助学生逐渐增强学习的毅力,培养自主学习的能力,从而达到推进大学英语教学改革的目的。

有些学校由于资金有限,无法满足全部学生免费上网的条件;再者,有些学校的校园网网速慢,计算机配置又低,打开视、听等英语网页要花很长时间,在线学习英语浪费时间。所以,各高校要根据实际情况合理定位,共同努力建设校园网络,优化网络学习资源,成立大学生课外自主学习中心,让更多的学生享受丰富的英语学习环境,实现网络教学在我国英语教学过程中的良好发展。

综上所述,网络自主学习环境使大学英语的课程模式发生了深刻的变化,为不同层次的学生提供了提高综合实用能力的机会和条件。但在实践中我们却发现,网络自主学习环境本身忽视了学生薄弱的自主学习能力,大量依赖外部网络自学设施、大大减少课堂面授的课时,这些因素也导致了一系列的问题,如教师创新模式理念不成熟、缺少规范管理、学生散漫、兴趣低下、应付课时、教学资源浪费等。

六、课堂教学与网络教学相结合的教学模式

（一）课堂教学与网络自主学习相结合的模式

课堂教学的优势是网络教学不能完全替代的。多媒体网络技术给英语课堂教学带来了契机，也将为提高英语教学的质量和效率做出贡献。因此，根据我国的教育现状、经济发展水平和学生的实际情况，网络环境下自主学习若想获得理想的教学质量是不能缺少课堂教学的。这种教学模式整合了课堂教学和课外自主学习的功能。学生可以利用网络资源延伸课堂的学习过程和任务，挖掘自己的兴趣和长处，拓展相关的学习内容。以自主学习为中心的方法进行学习并不意味着学习者以学习自主，学生进行自主学习需要一定的技巧和知识储备。课堂是进行大学英语教学的主要场所，课堂也是学生学习、熟悉自主学习过程的阵地。教师通过课堂教学向学生提供这类技巧和知识，帮助学生明确学习内容和学习任务，指导学生制订长、短期学习目标，选择学习方法，也要为学生提供展示其学习成果的平台进行学习效果监察等。学生在教师的指导下通过反复重复这一过程，形成自主的学习习惯，从而逐步提高学生的自主学习能力。

可见，自主学习应作为我国大学英语长期的教学目标。根据当今大学生的实际情况，大学英语教学应将传统课堂教学与现代信息技术结合起来，实行网络课程和传统课堂的优势互补，采取课堂教学与课外自主学习相结合的手段，分层次、分阶段地提高自主学习的程度，逐步实现完全的自主学习。这种教学模式一般包括以下内容：

1.布置教学任务

为了确保学生网上学习能收到预期效果，在学生上网自主学习之前要采用引导先行的做法。首先对学生进行问卷调查，了解其个人意愿、英语实际水平及网络操作能力等情况，并指导每个学生确定学习目的，制订学习计划，并适当布置学习任务。

2.学生网络自主学习

学生到自主学习中心登录校园网上的网络教程进行自主学习。学习过程强调

学习者对知识的主动探索、主动发现和对所学知识意义的主动建构。学生可以根据自身的英语水平及自己的学习习惯和方法确定自己的学习内容和学习材料。

3.生生网际协作

在自主学习时，学生之间可以讨论、交流，共同完成学习任务。同时教师也可以和学生进行在线交流、网上答疑。比如任课教师按授课内容、分周次轮流负责对全校学生进行共享部分网上答疑。共享部分网上答疑为公开状态，所有使用同一网络课程的师生都能看到答疑记录，以利用资源共享。发送到责任教师信息栏的疑问，由责任教师个人负责。这两种形式的答疑记录在管理平台以外的文件中，期末总结合并后作为资料留存，为下一阶段的教学提供参考。

4.教师面授教学

学生每完成1个单元的视、听、说网上自主学习之后，任课教师在多媒体教室进行面授课教学。其目的有：一是以每单元网上学习材料为内容，以师生交流、生生交流、教师指导等方式进行面对面的交流，重点培养学生的口头表达能力；二是对学生课下网上学习的进度和效果进行监督检查，随时掌握其自学效果，解答疑问，个别指导。

5.小班口语授课

根据现阶段高校教学的实际情况，小班口语主要以选修课为主。它可以是以培养语言训练为主的基础口语课，也可以是以演讲、辩论形式为主的高级口语课。主要目的就是让学生有更多的机会面对面地用英语交流，同时教师给予辅导。

6.课外合作学习

课外合作学习是课内合作学习的补充和扩展。它是培养学生合作精神、促进学生学习和发展的一个重要渠道。课外合作学习就是学生为完成课内未完成的任务或一个新的任务而在课外进行的共同合作学习。课外合作学习模式创设了一个具有开放性的、由学生自主安排的、适合学生参与的课外英语学习环境，从而把学生学习英语的空间逐渐由课堂内向课堂外延伸。所以课外合作学习是课内合作学习的补充和扩展，两者是相互联系、相互渗透的整体。

（二）视、听、说、读、写、译课程教学模式

视、听、说：

（1）网上自主学习+面授辅导。

（2）网上自主学习+小班口语师生互动、生生协作。

（3）网上自主学习+中外教师联合面授辅导。

读、写、译：

（1）自主学习+面授辅导。

（2）自主学习+学生协作。

（3）以教师为主的多媒体小班授课。

七、计算机网络辅助英语教学

（一）计算机网络的定义

计算机网络是通过通信线路和设备，将分处在不同地理位置的、具有相互独立功能的多个计算机系统连接起来，并按照一定的网络协议互相通信，从而实现资源共享的计算机互联网系统。

（二）计算机网络的功能

计算机网络的功能主要有三个：数据通信功能、资料共享功能和分布处理功能。

1.数据通信功能

数据通信是计算机网络最基本、最重要的功能。它能够快速传送计算机与终端及计算机之间的文字信息、图片资料、报纸版面等各种信息。利用这一功能，人们就能将分散在各个地区的计算机网络连接起来，进行统一的调配、控制和管理。

2.资源共享功能

这里的"资源"是指计算机网络中所有的信息、软件和硬件。资源共享即指网络中的所有用户都能看到、查到、利用这些资源。

3.分布处理功能

分布处理表现在：当某台计算机正在处理某个任务或负担过重的时候，网络能够将新任务分配给空闲的或负担较轻的计算机来处理，这样就能均衡各计算机的负担，同时提高任务处理的效率。

（三）教学目标多元化

学习英语的学生之间总是存在这样或那样的差异，或学习风格不同，或学习方法不同等。这就意味着英语教学在面对不同学生的时候会有所差异，从而实现多层次的教学目标，网络辅助英语教学恰好可以实现这一点。

（四）教学管理便利化

从教学管理方面来看，网络辅助英语教学能够使更多的学生受到优秀教师的辅导。在传统英语教学中，优秀教师即使全天候地教学，也不能满足教学需要，但若将他们的教案、教学视频等上传至网络上，就能够使更多的师生受益。这样既缓解了师资短缺的矛盾，又充分发挥了优秀教师的潜力和作用。

（五）教学过程交互化

网络辅助英语教学过程具有交互性，包括师生交互、生生交互和人机交互。利用计算机网络开展英语教学有助于为学生创造一个真实的语言环境。这样，学生不但可以及时得到反馈信息，提高学习效率，还能在与其他人进行网络交流的过程中提高学习兴趣和学习效果。

（六）教学方式先进化

网络辅助英语教学强调学生的主体地位，认为学生是知识意义的主动建构者，教师只对学生知识意义的建构起组织、调控、评价等作用，而不能取代学生的位置占据课堂。这与现代教育观念是一致的。英语网络教学还能为学生学习英语提供大量的言语符号信息和真实的情景画面，这不仅有利于培养学生的形象思维，也有利于培养他们的抽象思维，激发学生的学习兴趣。

（七）网络教学模式的定义

要明确网络教学模式的定义，首先我们要清楚教学模式的定义。教学模式的定义归纳如下：

（1）教学模式属于方法范畴。教学模式就是教学方法。

（2）教学模式就是在教学实践中形成的一种设计和组织教学的理论。

（3）教学模式就是在一定的教学思想或教学理论指导下建立起来的较为稳定的教学活动结构框架和活动程序。

教学模式不仅是指教学使用的方法或是教学活动的结构，当然这些都属于教学模式的组成要素，但并非全部内容。完整意义上的教学模式应该是指在一定的教学思想和教学理论的指引下，为了达到一定的教学目标而制定的较为稳定的教学方法和教学活动的结构框架。教学理论和教学思想是构建教学模式的理论基础。教学理论涉及多个学科领域的理念和理论。教学模式的构建离不开教学目标的指引，教学目标是教学实施过程中的潜在动力，围绕教学目标设计的教学模式具有稳定性的特征，这种稳定性是由教学理论思想及该模式的组成要素所决定的。教学模式中的教学活动及教学方式是相对稳定的，但是具体的教学方法和操作过程往往要根据实际教学情景的需要灵活变通。

根据教学模式的定义，可以归纳出网络教学模式的一般概念：网络教学模式是基于计算机网络技术下的新型教学模式，即与技术相结合的教学模式。

（八）网络教学模式的特征

在对网络教学模式的特征进行归纳之前，我们首先要了解教学模式所具有的一般特征，具体包括以下几点：

（1）教学模式是在总结教学活动经验的基础上，对教学活动方式的抽象概括。

（2）教学模式是各要素及其相互关系结构化的、简约化的表达方式。

（3）在一定的范围内，教学模式具有一定的代表性和示范性。

网络教学模式在涵盖教学模式普遍特征的基础上，增加了网络信息技术应用的特征。

正是由于计算机网络信息技术在教学模式上的应用，使得传统教学模式发生了许多本质上的变化。可以将网络教学模式的特征归纳为"个性化""自主学习化"和"超文本化""个性化"，可以从教师和学生两个角度出发，从教师方面来看，网络技术的应用为教师进行个性化的创造性教学提供了技术上的支持；从学生方面来看，网络为学生提供了无限的学习资源，学生可以按照自己的实际情况或兴趣爱好有选择性地安排有效学习。网络教学中"自主学习"是指学生以计算机网络技术为媒介，自主制定学习目标、安排学习计划、选择学习内容、评估学习成果的学习活动。"超文本化"是与"计算机辅助语言学习"相对被提出来的，指的是"网络学习，多媒体或超媒体"。

（九）网络教学模式的构成要素

1.教学理论或教学思想

任何教学模式都有其支撑的教学理论或教学思想，可以说教学理论是教学模式存在并发生作用的根基。网络教学的相关理论基础，其中建构主义理论可以说是网络教学的最主要的理论依据，建构主义注重以原有经验、心理结构和信息为基础来建构知识。强调学生不是外部刺激的被动接受者，教师也不是知识的**灌输**者，而应转变为促进学生有意义学习的引导者和帮助者。这些是网络教学模式赖以形成的思想基础。

2.教学目标

教学目标是指网络教学活动实施的方向和预期达到的成果，它是教学思想和观念的具体化表现。教学目标决定了网络教学模式的创建及发展方向。

3.技术环境

技术环境是网络教学模式赖以运作的物质条件，主要包括互联网、广域网、局域网、校园网及计算机设备等。网络教学模式的技术环境主要受到设备的性能及信息传输条件等的制约。

4.教学策略

教学策略是指网络教学展开的步骤、过程、方式和方法的总和。它是教学模式具有稳定运作结构的外在表现。特定的教学模式就表现在它有其独特的操作程序、教学方法和措施上。

5.人—机角色关系

人—机角色关系是网络教学模式的重要因素。这里的"人"包括教育者和学生，"机"指的是媒体设备等技术环境。教师与学生在教学模式中扮演不同的角色便形成了不同的师生关系，不同的师生关系决定了"人"与计算机网络终端形成不同的相互作用关系。这些关系的交融就构成了特定的网络教学模式。

（十）英语网络教学模式的设计原则

1.目的性原则

教学方法不仅受教师的语言观和语言学习观的影响，而且还受制于教学目的。不同的教学目的有不同的教学方法。

英语教师必须根据教学大纲的要求及教学的实际情况，对教学内容和媒体资源进行筛选、更新和补充，并充分发挥现代化教学手段的优势，将丰富的信息资源有效地传递给学生，调动学生的各种感官，帮助学生掌握教学内容，实现预期目标。

2.以学生为中心原则

以学生为中心的原则强调学生在学习中的主体地位。英语网络教学模式会使学生积极参与语言学习活动，主动建构知识与意识，按个人交际水平和特点，选择所需要的语言学习内容，自我安排学习进度。

3.情感与合作学习原则

情感因素是影响学习质量的一个重要方面，显然，积极的情感因素能促进语言学习，消极的情感因素则会制约语言学习。英语网络教学模式的生动、丰富的特点对激发学生的学习动机，提高学生的学习兴趣十分有利。

4.系统性与最优化教学原则

语言学习不是一蹴而就的，而是一个循序渐进的过程。因此，英语教学也必须遵循这一规律，使学习内容系统化，教学目标渐进化，实现识记、感知、理解、运用、创新的递进。目前的教学光盘、多媒体教室及网络系统可为师生提供丰富的具有渐进性和系统性的教与学的资源。教师在选择教学材料的时候必须考虑学生的实际需要和现有水平，所选择的材料不能太难，也不能太易，而应难易适中，并随着学生语言能力的提高而不断提高。另外，教师还应根据学生的学习进度，发现学生的学习困难并给予及时的帮助与指导。

5.情境与交际性原则

语言的学习与社会文化背景有着紧密的联系。这些社会文化表现在各种各样的情境之中。真实的情境可以激发学生的联想思维，使他们能利用自己原有认知结构中的有关经验，去同化和探索当前的新知识。

使用网络开展英语教学就必须发挥其特有的优势，使学生在真实或虚拟真实的语言情景中，培养跨文化意识，提高交际能力。

（十一）常见的英语网络教学模式

英语网络教学模式是在一定的教学思想和教学理论指导下、依托计算机网络技术、为达成一定的英语教学目标而构建起来的较为稳定的教学活动结构框架和教学方式。下面介绍一些常见的英语网络教学模式：

1.网络自主学习模式

网络自主学习模式注重个性化教学和自主学习。学生是整个教学的中心，教师只是起到辅助教学的作用。网络自主学习模式主要分为网络自主接受模式和网络自主探究模式。

（1）网络自主接受模式

网络自主接受模式：学生+学习资源+学习指导者，其中学习资料是通过网络传输的。由于网络自主接受模式主要针对的是学生语言知识和技能的训练，因此训练的内容主要以完形填空、单向选择、多项选择、判断、拖动配对等带有详细答案的形式为主，学生完成测试并提交答卷后，计算机通过已设定好的识别和反馈程序可自动进行批改，答卷中的错误会清晰显示并同时提供正确的答案。

（2）网络自主探究模式

网络自主探究模式：学生+任务+参考资料+教师。这一模式主要用于培养学生的语言应用能力，而不是词汇或语法等语言基础知识。教师会给学生布置语言任务。可以说，学生在模拟完成一个真实的语言任务的过程中，通过得到教师的不断指导，加之自身不断的改正与探索，最终达到熟练掌握语言技巧的目的。

2.网络综合教学模式

在实际网络教学中，单一的教学模式往往不能满足不同教学目标的需要，通常需要将上述几种教学模式根据具体情况综合使用，这就是我们所说的网络综合教学模式。

3.网络任务合作模式

网络任务合作模式：学习小组+任务+参考资料+教师，这一模式主要是通过学生组建学习小组，利用网络资源，完成教师指定的一般较为复杂的语言任务，来提高学生的综合语言能力及团队合作意识。这里的任务通常是与学生的社会生活或是工作有关的。在任务合作模式中，教师的作用比较重要，首先教师要按照学生的语言及综合能力水平等对学生进行分组，并提供必要的资源索引，在学生完成任务过程中，教师要及时对其出现的问题予以指正，协调小组合作时可能出现的成员矛盾，整体上把控学生完成任务的进度，并在任务完成后组织评估工作。在整个过程中，学生应尽量使用目标语言完成，如使用目标语言进行沟通，选用目标语言的参考资料，用目标语言总结发言，最后提交的作品用目标语言书写等。这种教学模式是通过构建一个虚拟的任务情境，让学生在完成任务的过程中得到语言综合应用能力的提高，同时也培养了学生的团队合作能力。

4.网络集体传递模式

网络集体传递模式：学生+学习资源+教师，这种模式与传统的教学模式比较类似，传统的教学模式是在教室里进行的，这种教学模式是利用虚拟网络进行的。

八、现代英语网络教学实践

（一）网络英语阅读教学实践

网络英语阅读教学实践从激活学生先前知识、阅读交互、阅读策略培养、阅读评价等几个方面展示了网络环境下英语阅读教学的设计。在将网络运用于教学时不仅关注课程内容，还充分体现了网络的优势，充分发挥了学生的主体作用，在使学生了解了互联网便利的同时，更好地学习了词汇，学习阅读理解的策略，这对提高学生的阅读理解能力十分有利。

（二）网络英语口语教学实践

网络英语口语学习环境提供了真实的语言环境和丰富的语言材料，通过利用网络的便捷功能来展开口语教学活动，无论是对学生的学习，还是对教师的教学而言都大有帮助。具体而言，网络提供的相关词汇、音频对话、网络资源和求知面试的视频片段以及一些诸如在线词典等辅助英语学习的工具，可供学生在该节口语课前进行预习、课后进行复习、练习和补充学习之用。教师可利用相关视频软件展开网络教学互动，进行文字聊天或视频语音交流等。总之，在网络环境下开展英语口语教学，对学生英语口语水平的提高极为有利。

参考文献

［1］郭鸿雁，周震. 新时代外语教学改革[M]. 银川：宁夏人民教育出版社, 2020.

［2］孟凡飞. 高职教育与外语教学问题研究[M]. 长春：吉林科学技术出版社, 2020.

［3］钟智翔，程彤，高陆洋. 中国外语非通用语教学研究[M]. 北京/西安：世界图书出版公司, 2020.

［4］董娟，柴冒臣，关茗竺. 第二语言习得与外语教学研究[M]. 长春：吉林大学出版社, 2017.

［5］尹大家. 外语教育与应用[M]. 重庆：重庆大学出版社, 2020.

［6］郑晶，魏兰，康添俊. 图式理论与外语教学实证研究[M]. 上海：上海大学出版社, 2017.

［7］宣泠，龚晓斌. 大学外语不断线课程体系建构研究[M]. 苏州：苏州大学出版社, 2020.

［8］李明. 大学外语课堂创新设计实证研究[M]. 郑州：黄河水利出版社, 2020.

［9］张文忠. 外语课程改革与实践新论[M]. 天津：南开大学出版社, 2020.

［10］牛忠光，杨惠芳. 外语教育探索与研究第2辑[M]. 武汉：武汉大学出版社, 2020.

［11］张美玲. 中西文化认同与外语教学范式研究[M]. 长春：吉林大学出版社, 2017.

［12］骆洪.外语教学与语言研究[M].重庆：重庆大学出版社,2019.

［13］李培东.外语教学原理与实践研究[M].银川：宁夏人民出版社,2019.

［14］柴改英，邬易平，张莉娅.体间性外语教学行动研究[M].杭州：浙江工商大学出版社,2019.

［15］吴友富,王治高.全国外国语学校外语教学研究[M].武汉：武汉大学出版社,2019.

［16］杨静.现代信息技术优化外语教学研究[M].西安：西北工业大学出版社,2019.

［17］卢加伟.翻转学习的理念与外语教学的定制化体验[M].北京：冶金工业出版社,2019.

［18］杨惠媛,赵建.外语教学课程思政改革论文集[M].天津：天津大学出版社,2019.

［19］林大津.福建省高校一带一路跨文化研究丛书语言言语文化跨学科视域下的外语教学与研究[M].福州：福建人民出版社,2019.

［20］孙犁.新技术时代模范教师视角下的外语教学策略研究[M].厦门：厦门大学出版社,2019.

［21］郭敏,余爽爽,洪晓珊.外语教学与文化融合[M].北京：九州出版社,2018.

［22］张惠玲.外语教学与文化[M].北京：北京工业大学出版社,2018.

［23］赵德全.民办高校外语教学研究[M].上海：上海交通大学出版社,2018.

［24］刘红艳,刘明宇.外语教学及话语翻译研究论文集[M].北京：知识产权出版社,2018.

［25］刘友春.外语教学与二语习得的关系研究[M].延吉：延边大学出版社,2018.

［26］王倩.心理语言学与外语教学实践[M].北京：九州出版社,2018.

［27］宁雅南.微时代背景下外语教学整合研究[M].北京：光明日报出版社,2017.

［28］李旦,周萍萍.从语言文学到国别区域专业外语教学新探索[M].北京：新华出版社,2018.

［29］胡永近. 多模态话语分析理论及其在外语教学中的应用[M]. 合肥：安徽大学出版社, 2018.

［30］汪涛, 张明尧, 贾玉敏. 大数据背景下外语实验教学研究[M]. 武汉：武汉大学出版社, 2018.